AF308596

LA BATAILLE SCOLAIRE

LES DOCUMENTS, LES FAITS

Ce qu'on nous a promis...

Ce qu'on nous a donné...

Ce que nous voulons...

Ce que feront les Pères et Mères de famille

CONFÉRENCE

donnée par J. SANTO, à Thorigny (Seine-et-Marne)

à la demande de

l'Association des Pères et Mères de Famille

LE 13 FÉVRIER 1910

Prix : 0 fr. 50

... er à l'auteur : 131, rue de Vaugirard, PARIS.

J. SANTO,
Correcteur-Typographe.

LA BATAILLE

SCOLAIRE

Le Mensonge de la Neutralité. -- Exploits
d'Aliborons. -- Intervention des Evêques
français. -- Menaces du Bloc. -- Droits et
Devoirs des Pères et Mères de Famille. --

PRIX : 0 fr. 50

FORTES REMISES PAR QUANTITÉS

S'ADRESSER A L'AUTEUR :
131, rue de Vaugirard, Paris.

PRÉAMBULE

Aux pères et mères de famille, aux ouvriers catholiques, à tous les bons Français qui entendront ou liront cette conférence, je dois tout d'abord demander la permission de présenter quelques observations préliminaires.

On a dit que j'étais un *étranger* dans cette paroisse. Eh bien non, mille fois non, et je proteste contre un pareil qualificatif, absolument injustifié.

Né en 1869, par delà la frontière, en Alsace, en pays français et de parents français (ceux-ci ayant en outre opté pour la France en 1871), j'estime que je suis plus Français que maints Blocards dont les ancêtres, — il y a à peine 30 ans, — campaient dans le Luxembourg, au bord du Rhin allemand ou en Poméranie. A tout foyer français, un Alsacien-Lorrain peut sans crainte venir s'asseoir !

Ensuite, je ne suis pas un *clérical*, je ne veux pas

plus du gouvernement des curés que ceux-ci : ils ont bien autre chose, et mieux, à faire. Mais je veux encore moins du gouvernement contre les Curés !

Enfin, je ne suis pas, nous ne sommes pas, nous tous, membres des Associations de pères et mères de famille, les *ennemis de l'école laïque*... Nous ne faisons la guerre, en une défensive aussi urgente que légitime, que contre les mauvais maîtres qui, dans certaines écoles laïques, donnent à nos enfants, par le manuel ou par la parole, un enseignement hostile à notre triple idéal : humain, patriotique, religieux.

Je ne me dissimule pas la lourdeur et la gravité de ma tâche. Et si, malgré mes faibles moyens d'ouvrier, non d'orateur, je suis ici quand même, c'est que tout bon Français, quand il y a bataille, doit marcher, *au canon, au clairon, au drapeau !*

Or, *il y a bataille !* Ce n'est pas moi qui l'affirme : Je le constate, et c'est cette incommensurable canaille de Clemenceau, Vendéen à la manque, qui l'a affirmé cyniquement dans son mot fameux : « *La guerre n'est plus aux chemins creux* : **La guerre est à l'école !**

Puisque j'ai parlé de bataille, laissez-moi encore, en faveur du pauvre conférencier, plaider les circonstances atténuantes : si, dans le cours de ce combat oratoire, il m'arrive de laisser monter de mon cœur à mes lèvres quelque *accès de violence et de colère*, de grâce ne m'en gardez pas rancune... Chassé de ma petite Patrie, l'Alsace, par les Prussiens de l'extérieur ; exilé, ensuite, durant plus de deux ans, — avec femme et deux petits enfants — de ma grande Patrie, la France, par les Francs-Maçons qui, travaillant contre notre pays au plus grand profit du roi de Prusse, sont de véritables Prussiens de l'intérieur, j'ai passé toute ma vie jusqu'à ce jour dans l'épreuve, sous le ciel gris d'exil, ou sur la *terre rude de Lorraine*, où, pendant tant de siècles, tous les peuples de l'Europe se sont donné rendez-vous, rencontrés, entrechoqués, taillés en pièces, ont versé tant de sueurs, de larmes et de sang, tant de cris de guerre, de rage et de mort, qu'aujourd'hui encore on ne peut, là-bas, dans nos champs de blé et dans nos vignes, saisir une motte de terre et la presser entre ses doigts, sans qu'il en sorte comme un gémissement avec une goutte de sang !...

Voilà qui explique assez la mentalité combative des Lorrains. Nous tâcherons de l'utiliser, du moins, au mieux des intérêts de la France traditionnelle, patriotique, catholique !

I.-- Ce qu'on nous a promis

Quand, jadis, nos gouvernants, à peu près tous francs-maçons, en tout cas obéissant tous au doigt (maçonnique) et à l'œil (juif) du pouvoir occulte, décidèrent la suppression de l'enseignement religieux dans les écoles et l'obligation scolaire laïque, ils nous firent les promesses les plus charmantes.

Ecoutez le F∴ Paul Bert (Chambre des députés, 4 décembre 1880) :

Il nous a paru indispensable d'affirmer au père de famille que rien ne sera enseigné dans cette école qui puisse porter atteinte à la liberté de conscience de son enfant et à la sienne propre.

Evidemment, cela était nécessaire, sinon on n'eût pas « marché » !

Ecoutez le F∴ Jules Ferry (au Sénat, 16 mars 1882) :

« Le premier devoir du législateur, notre devoir à tous sera d'assurer de la manière la plus scrupuleuse et la plus sévère la neutralité à l'école. Si un instituteur s'oubliait au point de donner un enseignement hostile aux croyances de n'importe qui, ce méfait serait aussi sévèrement réprimé que si l'instituteur avait battu ses élèves ou s'était livré contre eux à des sévices. »

Dans une circulaire de novembre 1883, Jules Ferry disait aux instituteurs :

« Vous êtes les auxiliaires et, à certains égards, les suppléants des pères de famille ; parlez à leurs enfants comme s'il s'agissait des vôtres... Au moment de proposer un précepte ou une maxime, demandez-vous si un seul père de famille, assistant à votre classe, pourrait en être froissé dans ses sentiments intimes ; si oui, abstenez-vous... Ne touchez qu'avec les plus grands scrupules à cette chose admirable et sacrée qu'est la conscience de l'enfant. »

Délicieux, n'est-ce pas ?

Du F∴ Jules Ferry encore :

« Non, il n'est pas vrai que nous voulions faire la

guerre aux idées religieuses. La neutralité confessionnelle nous suffit et, en présence d'un enseignement moral à constituer, il est absolument impossible d'imposer une semblable doctrine, (la doctrine positiviste) à la conscience de cette immense majorité de Français, dans le cœur desquels la croyance à la divinité et à l'immortalité de l'âme est si vivace : « *Nous ne voulons pas chasser Dieu de l'école.* »

Est-ce assez clair ?

Et pour achever de gagner les catholiques, les croyants, *l'arrêté ministériel du 27 janvier 1882*, **qui est toujours en vigueur** (1), déclare bien nettement, dans un de ses articles, que

« *l'Instituteur doit... s'attacher à faire comprendre et sentir que le premier hommage qu'il doit à la divinité, c'est l'obéissance aux lois de Dieu.* » ......

Pouvait-on ne pas être « pris » à piège pareil ?

II.-- *Ce qu'on voulait en réalité*

Les catholiques français ont, en effet, été trompés et « pris ».

Car : 1° la neutralité est impossible ; et 2° *on* ne la voulait pas.

La neutralité est impossible. A moins d'être un

---

(1) Aveu de la *Lanterne* du 12 décembre 1909.

serin, ou une moule, l'instituteur et l'institutrice ne peuvent pas être « neutres » sur les questions capitales qui regardent la nature, l'origine et les destinées de l'homme, la nature, l'origine et le rôle de la propriété, de la patrie, de l'Eglise, etc.

Jules Simon disait déjà :

— « C'est à peine si je reconnais pour un homme celui qui ne croit à rien : jamais je ne le reconnaîtrai pour un maître. L'instituteur qui ne croit à rien en dehors de deux et deux font quatre est un idiot ; celui qui, ayant son avis, entreprend de le cacher et y parvient est un lâche. »

Dans la *République française*, Henry Maret écrit avec autant de justesse que de malice :

— « La neutralité dans l'enseignement est une de ces énormes balourdises qui sont la spécialité de notre époque. Demander à un instituteur ou à un professeur d'être neutre, c'est exactement comme si, lorsqu'un orateur monte à la tribune, vous lui disiez : « Vous savez, parlez à votre aise, mais déclarez que vous vous en fichez pas mal, et que vous n'avez aucune opinion sur le sujet que vous traitez.»

. . . .

« Les gens qui parlent de neutralité ne sont pas plus bouchés que moi, et savent parfaitement ce dont il retourne. Ce qu'ils appellent neutralité, c'est tout simplement la défense d'exposer une autre opinion que la leur. Ainsi, par exemple, un instituteur peut dire que tous ceux qui croient en Dieu sont des imbéciles, et que le régime parlementaire est le plus beau des régimes ; cela ne viole pas la neutralité. Mais la neutralité est violée, s'il s'avise de faire l'éloge de Bossuet ou de parler des visions de Jeanne d'Arc. En un mot, la neutralité, ça signifie : être du côté du manche.»

Le recteur Payot avoue :

« On ne devrait plus exiger la neutralité parce qu'elle

est impossible ; il est impossible à un esprit affranchi des religions confessionnelles de prononcer un mot qui soit vraiment neutre.»

Et Aulard :

On me demande ce que je pense de la neutralité scolaire. Je pense que c'est un mot, un mot équivoque, un mot dangereux... Je suis d'avis qu'il ne faut plus recommander aux instituteurs cette chose impraticable ou indéfinissable qu'on nomme la neutralité scolaire...

Et Jules Guesde déclare, dans le *Socialisme :*

Les catholiques-cléricaux ont donc parfaitement raison de considérer la neutralité dans l'enseignement *comme une impossibilité* et une farce de mauvais goût.»

De plus, étant donné que, dans les écoles françaises, l'immense majorité des enfants sont croyants et catholiques, la neutralité est une injustice que Jules Simon faisait nettement ressortir quand il disait :

« Supposez un athée sur 100 pères de famille (vous ne l'oseriez pas !). Si cet athée se bornait à demander que son fils ne fût l'objet d'aucune propagande, j'admettrais sa réclamation. *Il demande tout autre chose :* il demande que, par respect pour son incrédulité, **les 99 autres pères de famille** voient leurs enfants privés de tout enseignement religieux : c'est là l'école neutre. Il est évident que si une pareille école n'était pas gratuite et obligatoire, elle serait vide.»

Or, c'est précisément cette absurdité, cette injustice, cette monstruosité, c'est l'enseignement antireligieux, sans Dieu, contre Dieu, l'athéisme légal et sectaire, que les Loges voulaient imposer à la France catholique, sous le masque d'une neutralité impossible.

En voulez-vous la preuve ? Lisez : Notre but déclare Albert Bayet, gros bonnet de l'Université, est de *« lutter contre la morale chrétienne, chasser des consciences non seulement les vieux dogmes, mais aussi les préceptes et les maximes qu'on y a fait pénétrer sous le couvert de tels dogmes :»*

Avant d'avoir éteint (soi-disant) les « lumières d'en haut », le F∴ Viviani avait projeté un flot de lueurs étranges sur le but des Loges. En effet, n'a-t-il pas fait cet aveu cynique : « Nous avons toujours soutenu que la neutralité scolaire est impossible à observer... Elle est une chimère, elle est, elle fut toujours un mensonge... On promit cette chimère de la neutralité pour rassurer quelques timidités dont la coalition eût fait obstacle au principe de la loi.» (*Humanité*, 4 octobre 1904.)

Un ancien ministre de l'Instruction publique, M. Gabriel Compayré, qu'on ne saurait accuser de malveillance contre les instituteurs officiels, écrit ce qui suit dans le numéro du 15 janvier de la *Revue* :

« Ce n'est pas seulement par inadvertance ou accidentellement, c'est volontairement et de parti pris que certains de nos maîtres d'école outrepassent leurs droits et violent le principe de la neutralité... De l'école sans Dieu, ils en viennent à faire l'école contre Dieu. Jadis l'instituteur était obligé d'enseigner le catéchisme, maintenant il semble parfois disposé à apprendre à ses élèves une sorte d'anticatéchisme. En face de la chaire où les ministres des cultes prêchent la foi, il installerait volontiers une chaire d'irréligion.»

Et Aulard, autre grosse légume du haut enseignement :

« Point d'équivoque, écrit-il ; ne disons plus : Nous ne voulons pas détruire la Religion. Disons au contraire. **Nous voulons détruire la Religion.**»

Et Marcel Sembat :

« Donner à l'enfant des connaissances sans lui enseigner la foi, c'est la lui ôter. *L'école sans Dieu est l'école contre Dieu.* Nous n'y pouvons rien. C'est la force des choses.».

Le F.·. Jules Ferry avait d'ailleurs avoué à Jaurès :

« *Mon but est d'organiser l'humanité sans Dieu et sans Roi !*»

Et le *Catéchisme républicain* (1) déclare, tome II, préface : « Ce n'est pas seulement l'Eglise qu'il faut abattre, **il faut tuer Dieu !** »

C'est donc ici encore et toujours l'éternelle lutte des deux cités, des deux armées, qui ont pour chefs respectifs **Dieu** et Satan : la Cité de Dieu, l'Eglise catholique, — et la Cité de Satan, la Franc-Maçonnerie,

Car, a déclaré le F.·. Limousin dans la Revue l'*Acacia* : « La Franc-Maçonnerie est une religion ; c'est plus que cela, c'est une Eglise, l'autre Eglise, le contre-Catholicisme, l'Eglise de l'erreur et de l'hérésie...»

------

(1) Recommandé par la *Ligue de l'Enseignement*, branche de la Franc-Maçonnerie (*voir plus loin*), et celle-ci c'est le gouvernement lui-même : « La Franc-Maçonnerie et la République, a déclaré le F.·. Lucipia, c'est exactement *la même chose.* »

III. — Haro donc sur les baudets de la Franc-Maçonnerie

De même que le doigt de Dieu apparaît dans toute l'œuvre de l'Eglise, — le doigt de Satan perce sous cette campagne scolaire antipatriotique et anticatholique.

« La Franc-Maçonnerie, disait naguère Mgr Sevin, s'est emparée de l'école primaire pour donner à l'enfant le pli de l'éducation première, dont on ne se défend jamais; et cette éducation est une éducation athée. Il ne faut donc point s'étonner que les évêques aient condamné même les écoles simplement neutres. On ne se passe pas de Dieu sans le nier. »

Satan agit par son Eglise, la Franc-Maçonnerie. Et la Franc-Maçonnerie agit dans ses Loges, Couvents, Journaux, Brochures, Affiches, par ses « délégués » dans chaque commune, par ses députés, sénateurs, ministres, — simples « délégués », eux aussi, de la F∴ M∴ — et, surtout, par la Ligue dite française de l'Enseignement.

Celle-ci, a déclaré son fondateur, le F∴ Macé, est la branche maîtresse, la fille de la Franc-Maçonnerie (1).

---

(1) Voici les déclarations de ce F∴ : « Je bois à l'entrée de tous les francs-maçons dans la Ligue de l'Enseignement. Puissent-ils comprendre que c'est leur œuvre qui se fait là ? » (F∴ Macé, au banquet de la Loge des *Frères réunis*, à Strasbourg, en 1879.)

« C'est l'œuvre des francs-maçons qui se fait dans la Ligue de l'Enseignement. » (*Monde maçonnique*, 1872, p. 582.)

« Oui, ce que nous faisons est une œuvre maçonnique. Je l'ai dit

Son président actuel est le F∴ Dessoyes qui est intervenu, avec une rage sectaire, dans la discussion de la crise scolaire à la Chambre.

La Ligue de l'Enseignement, avons-nous dit, *recommande et encourage* le « Catéchisme Républicain », œuvre de fiel, de mensonges et de stupidités, où les « aliborons » vont puiser leur enseignement oral.

Celui-ci, dit avec raison Hervé, est plus grave encore que l'enseignement du Manuel.

Or, voici le résumé de ce Catéchisme et les principales citations qu'il importe d'en retenir :

Rappelons, pour mémoire, les *gravures inconvenantes ou obscènes* que l'auteur y multiplie à dessein (pages 85, 86, 97, 119, 172, 179, 260, 364, 365, 367, 375, 377, 379, 381), pour « laïciser » les âmes et les cœurs des petits garçons et des petites filles de certains cours d'adultes, auxquels cet ignoble *Catéchisme* est donné en « prix »; les calomnies contre l'Eglise, ses prêtres, ses fidèles ; ce ridicule *Calendrier* où les saints ont fait place à Mahomet, le Crime, le Parjure, Luther, Carnaval, Diderot, Rousseau, Voltaire, Calvin, Luther (deux fois), Cromwell, la Pesanteur, Robespierre, Danton, Marat, Paul Bert, Ferry, Scheurer-Kestner, Zola ; le bouc, le bélier, la vache, la truie, le porc, etc.

Le monde et tout ce qu'il renferme s'est fait, *s'est organisé tout seul*, comme cela, sans faire exprès. Il y avait à l'origine, *de l'eau*, beaucoup d'eau. Au fond de l'eau, se trouvait un tout petit *grain de carbone* inerte, qui, avec l'aide de personne, acquit force animale, sens, raison, conscience,

---

cent fois dans les Loges, d'un bout de la France à l'autre.» (F∴ Macé, *Bulletin* de la Ligue, 1885, p. 331.)

« Une puissante association sortie du sein des Loges... J'ai nommé la Ligue de l'Enseignement.» (Congrès des Loges de l'Est, 7, 8 et 9 juillet 1882.)

« La Ligue, c'est *la fille* chez sa mère. » (F∴ Jean Macé, 1885.)

volonté, parole, etc., en devenant successivement bulle d'acide carbonique, protoplasme, monère, morulaire, planulaire, gastrulaire (estomac ambulant), ver, poisson, amphibie, amniote, monotrème, marsupial, prosimien, *singe*, **anthropoïde**... puis *le parfait républicain* d'aujourd'hui ! Et voilà, ce n'est pas plus malin que ça ! (Pages 341 à 364, avec nombreux dessins fantaisistes.) Mais, en tout cela, pas la moindre preuve.

— (Page 350) « Une chose est bien certaine actuellement, c'est que *l'homme ne descend pas de l'homme*, mais d'intermédiaires animaux » ; — (p. 272) « que l'homme ait eu des ancêtres qui ont été aussi ceux des *singes*, des chevaux, des bœufs, des porcs, c'est aujourd'hui absolument incontestable » ; — (p. 278) « c'est l'évidence... l'homme a eu parmi ses ancêtres des organismes très inférieurs, des *poissons*, des *vers*, des *rudiments* » ; — (p. 340) « sans doute nous ne descendons pas des singes actuels, puisque *nous en sommes !* »

Un mot encore sur ce *Catéchisme républicain*. Après avoir affirmé — mensongèrement et antiscientifiquement — que les hommes ne sont que des bêtes, l'auteur ajoute (page 2) : « *C'est pour l'ouvrier de l'usine et des champs que nous publions ce Catéchisme et, en le lui dédiant, nous lui disons : — « Allons, Frère, relève-toi... Viens, lis-nous, nous t'apprendrons des choses qui te rendront le travail* **plus léger** *et la vie* **plus douce**... *En t'apprenant* **qui** *tu* **es**, **d'où** *tu* **viens**, **où** *tu vas*, **nous doublerons ton courage**, *et demain ton marteau retombera plus allègrement sur l'enclume et ton dur métier te semblera* **plus supportable**. » — Ce langage n'est-il pas digne de Satan !!!

Aussi ferons-nous nôtres ces paroles de Bossuet (*Histoire des Variations de l'Eglise protestante*) :

« Pardonnez-moi, lecteurs catholiques, si je répète ces irrévérences ! Pardonnez-moi aussi, ô Luthériens ! et profitez au moins de votre honte !... Taisons-nous, c'en est assez et tremblons sous les terribles jugements de Dieu qui, pour punir notre orgueil, a permis que de si grossiers emportements eussent une telle efficace de séduction et d'erreur ! »

La Ligue de l'Enseignement avait jadis une devise : *Pour la Patrie, par le Livre, par l'Epée*. Elle a été supprimée lors de l'immonde campagne de l'infâme Hervé.

La Ligue de l'Enseignement, fille de la Franc-Maçonnerie, recommande aussi la *Revue de l'Enseignement primaire*, à laquelle sont abonnés presque tous les instituteurs et institutrices de France.

Or, cette Revue a publié, *comme modèle*, texte et musique, l'abominable *Internationale*, dont le 5e couplet se termine ainsi :

....Nos balles
Sont pour nos propres généraux !

Ce n'est pas tout. Cette Revue, recommandée par la Ligue de l'Enseignement, a publié, le 6 décembre 1909, sous la signature de : **Un Sans-Patrie**, pseudonyme d'Hervé, *alors professeur de l'Université*, le fameux et ignoble article sur « Wagram » où Hervé éructe ce blasphème : « Je voudrais qu'on rassemblât dans la principale cour du quartier toutes les ordures et tout le fumier de la caserne et que, solennellement, en présence de toutes les troupes en tenue n° 1, au son de la musique militaire, *le colonel, en grand plumet, vînt y planter le drapeau du régiment !* »

Et à la page 109 du même numéro, le Rédacteur en chef, Chauvelon, ose écrire : « J'estime qu'Hervé est un excellent citoyen, un excellent patriote, au sens républicain du mot ! »

Et Hervé, encouragé, s'est surpassé, descendant encore au-dessous de lui-même et de son fumier, car, en 1909, dans la *Guerre sociale*, il publiait en première page une gravure représentant un paysan auprès d'un tas de fumier, sur lequel traînaient un fusil, un sabre, un livre de messe, un képi, une croix de la Légion d'honneur, un drapeau et un crucifix, — et la légende est celle-ci :

« **Le Paysan**. — Quel est donc le cochon qui a foutu ces ordures-là sur not' fumier ! »

Vous pouvez juger par là du mal qu'a dû faire Hervé, durant ses années de professorat.

Pour être juste et complet, n'oublions pas de rappeler que l'avocat — et alors *ami* — d'Hervé, au cours du procès que lui valut son article contre le drapeau, fut Briand, ex-exhibitionniste, ex-révolutionnaire, ex-antimilitariste, aujourd'hui mué en président du Conseil ! — M⁰ Bonzon, autre avocat d'Hervé, disait naguère en visant Briand, Viviani et Millerand, traîtres à leurs serments et à la classe ouvrière :

« Aujourd'hui, Judas ne se pend plus : Il se fait nommer ministre par Ponce-Pilate et place les trente deniers en fonds russes. »

Et de Moro-Giafferi disait avec raison, au cours du même procès : « Je réprouve absolument les antimilitaristes, — mais je ne les méprise que lorsqu'ils sont au pouvoir ! » Le trio ci-dessus peut en prendre pour son grade !

Il est naturel que la Franc-Maçonnerie, fille de

Satan et organe du Pouvoir occulte juif, en arrivât à
des immondices pareilles. Tel père, telle fille.

Mais ne comprenez-vous pas quel danger courent
nos enfants et la France, du chef des instituteurs antimilitaristes, si nombreux au dire d'Hervé et au dire des
instituteurs patriotes laïques Combes et Bocquillon !

Nous verrons d'ailleurs, un peu plus loin, qu'à
l'école primaire, ces blasphèmes antipatriotiques ont
été proférés plus d'une fois.

Mais nous voudrions, dès ici, faire comprendre
aux honnêtes instituteurs et institutrices, qui remplissent dignement leur fonction nationale, que leur
devoir, en présence de tels attentats, est de désavouer
les mauvais maîtres et, la main dans la main des pères
de famille, de faire haro sur les baudets des Loges, et
leurs délégués de tout poil, de tout acabit et de toute
casserole, car, aussi bien, si les pères de famille ont
été trompés indignement par les taupes maçonniques
qui leur ont promis la neutralité qu'elles ne voulaient
pas leur accorder, les instituteurs n'ont pas été moins
cyniquement roulés par ces mêmes Taupes qui leur
imposaient une neutralité impossible (1).

---

(1) Ecoutez d'ailleurs Ferdinand Buisson [*Revue bleue*, 9 mai 1908] :
« Le résultat qu'atteindront infailliblement ces Associations de pères de
famille, si elles se généralisent, ce sera de mettre les parents en con-
tact avec l'école et avec son personnel. Si nous avions un conseil à
donner aux instituteurs, ce serait, partout où une telle Association est
constituée, *d'entrer eux-mêmes en relations directes avec elle*, d'aller
au-devant des questions et des critiques, de s'expliquer largement et
cordialement *avec les pères et mères de famille*, de leur parler en
détail de l'éducation donnée à leurs enfants, de la raison et du but de
chaque enseignement, de chaque exercice, de chaque prescription
scolaire. »

IV. -- Les niaiseries
de la neutralité

Donnons-en quelques exemples typiques.

Dans une brochure éditée par l'*Echo de Paris*, et qui renferme le discours prononcé par M. Maurice Barrès à la Chambre, le 18 janvier 1910, nous lisons en appendice les lignes suivantes :

« S'il est encore dans le public un seul Français qui doute de la maladie qui sévit sur nos instituteurs, je lui conseille d'ouvrir les manuels que ces messieurs exigent qu'on leur fabrique. Elle est terriblement révélatrice, la transformation subie, d'année en année, depuis la loi de 1882, par les livres de l'école primaire !!!

« Prenons d'abord le plus innocent des manuels, la *Grammaire française*, de Larive et Fleury, où il semble que la passion perde ses droits. Comparons deux éditions, celle de 1887 et celle de 1909, et nous verrons le chemin parcouru.

« En 1887, « Dieu est grand ». Cet exemple paraît avoir des inconvénients en 1909, et l'on se donne la peine de le rayer pour y substituer : « Paris est grand. »

« En 1887, on ne voit pas d'obstacle à imprimer que « Dieu est miséricordieux » ; mais, en 1909, on enlève cette affirmation scandaleuse et on la remplace par cette autre : « Cette plaine est fertile. »

« L'hymne de l'Assomption est très belle », disait la grammaire en 1887, mais ce renseignement paraît trop clé- rical et l'on fait la dépense d'un remaniement où nous lisons : « Le poète Santeuil composa de très belles hymnes. »

« Et qu'on ne nous dise pas qu'il s'agit de perfectionner les paradigmes, car à des phrases par elles-mêmes assez intéressantes, on substitue de simples bêtises. C'est ainsi qu'on pouvait lire en 1887 : « Tous les peuples avaient un souvenir, une réminiscence confuse du Déluge », et qu'en 1909 on lit : « Les peuples de l'Italie avaient un souvenir, une réminiscence confuse des éruptions du Vésuve. »

« En 1887, « les passagers d'un vaisseau, près de périr, lèvent les mains et les yeux au ciel pour implorer la protection divine ». Cela choque aujourd'hui l'intelligence de nos instituteurs, qui préfèrent cet exemple : « Quand le sang circule mal chez les malades, ils ont les pieds et les mains enflés. »

« Dans un sentiment que je trouve ingénieux, agréable, on émaillait nos grammaires de citations empruntées à nos classiques. C'est ainsi qu'en 1887 on lisait :

> J'ai mon Dieu que je sers, tu sers le tien, Joas.

« Ce que ne peut plus supporter notre pédagogue moderne, qui substitue à ce vers de Racine cette phrase de son cru : « Les cultivateurs se servent de la marne pour amender leurs champs. »

« Voici encore qui caractérise bien l'esprit de ces transformations. Dans la même grammaire, la délicieuse poésie de Lamartine, *La Prière de l'Indigent*, est rayée :

> O toi, dont l'oreille s'incline
> Au nid du pauvre passereau,
> Au brin d'herbe de la colline...

« Continuerons-nous ? M. Augé, auteur d'une grammaire, est inquiet de se voir distancer dans le culte de la raison par MM. Larive et Fleury ; il revise, lui aussi, son ouvrage, il l'épure ; il biffe les mots « Dieu, âme, croix », il remplace « les croix des tombeaux » par « les feux des fourneaux » ; et « le Temps pascal » par « le canal latéral ».

« Dans la première édition du *Tour de la France* de Bruno, deux petits Alsaciens voient les collines de Lyon couronnées par les dix-sept forts et l'église de Fourvière. Aujourd'hui, ils ne voient plus que les forts. L'église a disparu des textes. »

« A Reims, dans l'édition ancienne, ils visitaient la cathédrale. Une gravure représentait le monument. On a déchiré la gravure, et plus un mot du chapitre ne fait allusion à l'existence d'une basilique. Le même phénomène se produit pour Paris. On consacre sept pages aux bêtes du Jardin des Plantes, deux pages aux députés; il n'est pas question de Notre-Dame. Et dans le même esprit, on épure la liste des grands hommes sur lesquels on attirait l'attention des petits lecteurs. Fénelon et saint Vincent de Paul, qui étaient glorifiés dans les premières éditions, sont déboulonnés. »

La Croix du 19 février 1910 reproduit certaines pages d'un autre livre de Bruno : *Premier livre de lecture et d'instruction pour l'enfant.* Or, un maître a exigé des pauvres enfants de sa classe qu'ils corrigent eux-mêmes et « neutralisent » certaines phrases, bien innocentes, comme on va le voir.

« C'était un *dimanche* », devient : c'était un *lundi.*

« *L'Eglise* », devient l'*école.*

« De grands chiens *dressés par les religieux du Mont Saint-Bernard* », devient : *De grands chiens dressés exprès au Mont Saint-Bernard.*

« De longues heures s'écoulèrent pendant lesquelles le pauvre Pierre *priait Dieu qu'on vînt à son secours* », devient : Pierre *désespérait d'être secouru.*

A la bonne heure! Le désespoir au lieu de la prière à Dieu! C'est neutre au moins, ça, c'est viril, et ça mène tout droit au suicide!

Autre chose. Vous connaissez tous le *Syllabaire Régimbeau* à l'usage des tout petits enfants. Eh bien, la

« neutralité » a aussi passé là-dessus son niveau niais.

Voici ce que nous lisons, à ce sujet, dans *La Réponse* (Téqui, éditeur, 82, rue Bonaparte, Paris), de février 1910 :

« *1re image*. Page 10. Il s'agit d'apprendre à l'enfant la prononciation de la lettre V. Pour cela, le mot *veuve*, qui n'a que des V comme consonne, était admirablement choisi. Et l'image représente une veuve à genoux sur une tombe.... Seulement, en 1905, la tombe était surmontée d'une croix de bois. Cette atteinte à la neutralité (!) a disparu en 1908 : la croix de bois est devenue une dalle de pierre. On voit du reste, par la comparaison des deux figures, qu'on n'a pas été obligé de faire les frais d'un nouveau dessin : une simple retouche de l'ancien a suffi. Il n'y a pas de petites économies.

« *2e image*. Page 45. Ici, il est question d'exercices d'articulation sur le son *oi*. En 1905, l'image représentait une *croix*... mais une croix cléricale, un de ces calvaires comme on en rencontre encore dans les provinces arriérées, et que mettent à bas les villageois « conscients ». Le Syllabaire y est allé, lui aussi, de son petit abatage : la croix cléricale a été remplacée par une croix laïque, la croix à cinq branches, celle qui n'offusque pas la neutralité scolaire et qui rappelle, non la passion de Notre-Seigneur, mais le « mérite » de l'écolier.

« *3e image*. Voyez cette jolie petite gravure qui représente deux *suisses*. Elle se trouvait à la page 18, édition de 1905. Le mot *suisses*, contenant quatre S et aucune autre consonne, paraissait fort bien choisi pour apprendre à prononcer la lettre S... Oui... Mais la neutralité !... Ne voyez-vous pas que les quatre mollets de ces deux suisses portaient atteinte à la sacro-sainte neutralité ?... Et, dans l'édition de 1908, vous trouvez, non plus deux *suisses*, mais deux *tasses*. Le mot est moins bien choisi, l'image est beaucoup plus laide, mais la neutralité est sauvée.

« *4e image*. Ici le perfectionnement n'a pas coûté cher : pour apprendre à prononcer la lettre J, l'auteur avait choisi le mot *juge* (page 22), et une image représentait un juge assis à son tribunal. Derrière lui se trouvait un crucifix. Cela, c'était bon pour l'année moyenâgeuse 1905. En 1908, on a fait gratter sur le cliché, ce crucifix attentatoire à la neutralité. Mais l'ouvrier à qui fut confié ce travail était un malin : ayant effacé la croix, il compléta son œuvre en effaçant également les attributs de la Justice, la Balance et le Glaive. Si bien que ces deux images, rapprochées, prennent une signification éloquente : « Quand on supprime Dieu, on supprime la Justice. »

« O Monsieur Régimbeau, que nous dites-vous là? Car vous nous le dites... malgré vous, je veux bien : mais vous nous le dites tout de même. Et ce faisant, vous oubliez la sainte neutralité ! »

(E. DUPLESSY.)

Est-ce assez goujat !

Mais il y a mieux ou pire encore !

Le *Journal des Travailleurs* du 20 juin 1908, nous apprend qu'un inspecteur d'Académie a interdit, pour la couverture des livres et des cahiers à l'école, le papier imprimé, parce que, dit-il, « le papier imprimé peut provenir des journaux hostiles à l'école laïque. . . . »

Après cela, vous allez sans doute tirer l'échelle? Eh bien vous auriez tort, car il y a plus fort que cela, et vous allez voir jusqu'où va se nicher l'anticléricalisme niais.

A l'exposition de Nancy, en 1909, on pouvait lire, des pancartes portant ces mots :

AVIS

Les cabinets sont gratuits pour les maîtres et les élèves des écoles... laïques !!!

On comprend, après cela, que saint Pierre, à la demande d'un brave curé cherchant dans l'autre monde où pouvaient bien être les instituteurs et demandant si saint Pierre les avait, on comprend que saint Pierre ait répondu, agacé (on le serait à moins) : « Les instituteurs ! oui, je les ai ? — Où donc saint Pierre, où donc ? — Les instituteurs, *je les ai dans le nez !* »

Et la vraie France ne saurait qu'approuver et appuyer sur la chanterelle...

Car, écrivait naguère M. Compayré, « **si cela continue, le peuple le plus spirituel de la terre sera devenu le plus bête de tous !** »

Hélas !

V.-- Exploits d'àliborons

Il nous faudra forcément ici être très incomplet, la matière est si abondante qu'une conférence entière et tout un volume n'y suffiraient pas.

Laissons, en outre, de côté les mauvais Manuels, sur lesquels nous reviendrons une autre fois (1), et arrêtons-nous à quelques actes ou enseignements authentiques dont maintes écoles ont été le théâtre.

Voici un aliboron qui promet et donne deux sous à celui de ses élèves *qui fera la plus laide grimace au Bon Dieu ;* un autre a institué un *prix d'athéisme ;* d'autres encore défendent, sous peine sévère, de parler de *Saint Louis*, il faut dire Louis IX, — ou bien font le tour de la classe en faisant semblant de boiter, une canne à la main et disant ironiquement : « Notre-Dame de Lourdes, priez pour moi », puis, tout à coup, jettent leur canne et s'écrient : « Je suis guéri ! » — On fait le serin comme on peut !

Le *Radical* conte cet incident, qui se serait produit au Croisic :

« La veille de la Toussaint, un certain nombre d'enfants, tant garçons que filles, fréquentant les écoles laïques de cette commune, se présentaient au confessionnal et s'en voyaient refuser l'entrée. »

Grave incident, dit le *Radical*, qui ajoute :

« Les républicains croisicais se montrent vivement émus de cette décision du clergé paroissial. Un groupe d'entre eux s'est réuni pour aviser : de l'ordre du jour de protestation qu'il communique, nous détachons ce passage :

« Considérant, avec le sentiment unanime de la population, que la décision du clergé constitue une déclaration de guerre à l'école laïque ; qu'il est du devoir de tous les républicains de la défendre avec énergie ;

______

(1) Cette brochure a paru : *Le Sabotage de l'Histoire de France.* Prix : 0 fr. 50. — Fortes remises par quantités.

« Appelle sur cet attentat l'attention des pouvoirs publics et des militants du Parti ;

« Les invite à user de tous les moyens de représailles quand les circonstances l'exigeront. »

Quelles représailles? S'imaginent-ils par hasard que nous descendrons un jour jusqu'à aller nous confesser dans les Loges !

Mais voyez la logique de ces histrions : ils tonitruent contre le confessionnal, où, disent-ils, le peuple va s'abrutir, s'obscurantir, se réactionner... et dès qu'un curé ferme un de ces « bouges de la réaction », ces imbéciles hurlent de rage comme le diable dans un mètre cube d'eau bénite !

Naguère, en Eure-et-Loire, une alibdrone fit à ses petites élèves cette grandiloquente déclaration :

« Mesdemoiselles, Dieu n'existe pas ; j'ai cru en lui, mais je n'y crois plus. La science m'a éclairée et vous devez vous en rapporter à moi. Voilà une chose entendue. Et maintenant, si l'une de vous persiste à croire en Dieu, qu'elle lève la main. »

Une seule de ces fillettes osa répondre à cette provocation et affirmer sa foi en Dieu.

O chère petite enfant, qui, toute rougissante sans doute d'émotion et les yeux pleins de larmes, a osé tenir tête à cette misérable et témoigner pour le Dieu des Francs, sois bénie à jamais pour l'exemple que tu donnas à tant de Français tremblants et lâches ! Ton geste fut bien menu, mais ta petite main blanche, s'agitant ainsi au-dessus des vagues d'un anticléricalisme en délire, suffira peut-être à attirer sur la France le regard de Dieu et à abréger les heures d'angoisse que nous traversons ! Petite enfant de la rude et âpre terre de Beauce, sois bénie à jamais de tous les vrais Français !

Dans une école laïque, on donna comme dictée aux élèves, une page de Zola où, entre autres horreurs, éclatait cette phrase : « La parole de l'Evangile : *Bienheureux les pauvres d'esprit* est la plus effroyable fausseté qui, pendant des siècles, a maintenu l'humanité dans le bourbier de misère et de servitude... »

Quelle ruade d'aliboron ! et quel grognement du « porc épic » de la littérature !

Il n'y a qu'un malheur : c'est que ni l'auteur, ni l'instituteur, n'ont compris le texte de l'Evangile. Le Christ n'a jamais enseigné que les « imbéciles » étaient prédestinés... trop de blocards seraient assurés contre la damnation éternelle. Le Christ a dit : Bienheureux ceux qui, étant riches, n'attachent pas leur cœur, leur *esprit*, aux biens de ce monde, mais s'en servent pour faire le bien ; bienheureux ceux qui, étant pauvres, ne recherchent pas, ne convoitent pas, de façon désordonnée, de toute l'ardeur de leur *esprit*, les biens périssables de ce monde, mais s'efforcent de mériter les Retraites éternelles, les seules sûres, les seules que ni la rouille, ni les vers, ni les voleurs ne peuvent entamer ! Voilà ce que signifie le texte évangélique !

Mais, aussi bien, comment l'aliboron et le pourceau pourraient-ils comprendre quelque chose au parterre de roses et de lis de l'Evangile ? *Non mittite margaritas ante porcos !*

« M. Zola n'était pas un « pauvre d'esprit » au sens de l'Evangile, écrit avec raison *La Croix*.

« La besogne même grasse et malpropre ne lui répugnait pas, pourvu qu'elle fût lucrative.

« Mais M. Zola était sans doute en quelque façon un pauvre d'esprit à son sens à lui, puisqu'il n'avait point saisi la signification de cette parole qui a traversé vingt siècles. »

A propos de dictée, rappelons aussi celle-ci, donnée dans maintes écoles laïques et tirée de la *Revue de l'Enseignement primaire* (9 février 1908) :

« Les peuples religieux sont les peuples esclaves. On peut dire que les peuples religieux sont les peuples esclaves, parce qu'ils se dispensent de raisonner, de chercher le pourquoi scientifique des causes, parce qu'ils obéissent aveuglément à des ordres qu'ils ne comprennent point. Autrefois, la religion tenait la première place dans la vie des gens ; les seigneurs et les rois mêmes courbaient la tête devant le Pape.

« Les moines ne se contentèrent pas toujours de prendre la terre, ils prirent les hommes. Ainsi se fondèrent les couvents qui furent une véritable puissance par leur domaine et leur richesse. Pour tirer de l'argent aux gens, le clergé avait institué le culte de la Vierge, de l'Eucharistie et des Saints.

« Pour faire obéir les vilains à tous les ordres des seigneurs, le clergé les abrutissait avec la peur de l'enfer et l'idée du ciel. »

C'est idiot, mais ça suffit à maints Aliborons !

Quelques exemples encore :

Dans une école de *filles de Grenoble*, une institutrice fait lever d'abord celles de ses élèves qui vont faire leur première communion, ensuite celles qui ne la feront pas. Puis elle conclut : « Celles qui ne font pas de première communion sont seules intelligentes ; les autres sont des imbéciles ! » — Mon Dieu, les chiens non plus ne font pas la première Communion !

Un *instituteur de l'Isère* posa la question suivante à un enfant qui se préparait à communier : « Quand le curé va-t-il vous donner sa pastille ? » — Cette pastille vaut bien la... manne que distribuent le Veau d'or, la Vache ministérielle et le Bouc maçonnique !

Le *Semeur* de Versailles conte cette édifiante histoire :

« Au lycée de filles de Versailles, tout dernièrement — c'est ce qui se raconte en ville sur la foi de renseignements sûrs, fournis par les personnes les plus honorables — un professeur se serait oublié au point de dire, en guise de conclusion d'une leçon de morale, sans doute : « Eh bien ! moi, j'ai des enfants naturels, et je m'en flatte ! » — On se vante de ce qu'on peut !

Dans beaucoup d'écoles, les maîtres s'acharnent à une négation impie de l'œuvre de l'Eglise dans le passé et à un dénigrement systématique de l'ancienne France, comme si la France catholique d'autrefois n'était pas la mère de la France d'aujourd'hui, et comme s'il était convenable, de la part d'un enfant, d'accepter comme argent comptant et de faire circuler les calomnies que répandent contre ses ancêtres leurs pires ennemis ! Combien les maîtres d'école seraient mieux inspirés en pratiquant ce noble conseil de

Lamartine : « Ne craignons pas de remettre au jour les vieilles histoires de notre patrie. La liberté n'est pas née d'hier. Ne craignons pas de rougir en regardant nos pères. Leurs temps furent difficiles, mais leurs âmes n'étaient pas lâches ! »

D'autres instituteurs, à la frontière même, enseignent que « la France a perdu l'espoir et le désir même de la Revanche ». Répondons avec Barrès :

« Messieurs, dans le même moment, il y a des petits garçons du même âge que nos écoliers, des petits Alsaciens-Lorrains — j'en connais — qui entendent tenir exactement les mêmes propos par le maître d'école allemand et qui se révoltent d'une façon magnifique et touchante et qui sont frappés par le maître allemand pour ne pas vouloir supporter ce que le maître français impunément ose dire, écrire... » *(Vifs applaudissements à droite et au centre.)*

Ne cessons pas de le répéter : Nous saluons bien bas et nous acclamons bien haut les maîtres qui remplissent leur noble mission d'éducateurs de la jeunesse, qui se font « portes de lumière », par qui la vérité, l'espérance, la virilité... pénètrent dans les âmes de nos enfants, ce blé qui lève, cette France de demain...

Mais nous ne saurions assez nous indigner contre les mauvais maîtres qui, trahissant leur devoir, se font « portes d'ombre » par lesquelles le doute, la lâcheté, le désespoir et la mort pénètrent dans l'âme des petits Français !

Dans une lettre éloquente à M. de Marcère, l'infatigable et éloquent Evêque de Nancy, Mgr Turinaz, cite un fait non moins révoltant : « Dans certains villages, les maîtres établissent *la promiscuité des sexes* et placent des enfants de dix, onze et douze ans, filles et garçons, *mêlés les uns aux autres* sur les bancs de l'école. Dans une paroisse de ce diocèse, restée très chrétienne, un père de famille décide, par ses sollicitations pressantes, le maire à constater avec lui une pareille installation des enfants à l'école. Aux reproches du maire et du père *indignés*, le maître répondit : « *Vos bêtes sont bien placées ainsi dans vos écuries.* » — Pour sûr que ce saligot est lecteur assidu du *Catéchisme républicain* et de la *Guerre sociale !*

Enfin, personne n'a oublié les propos immondes de l'instituteur Gérôme, porte-drapeau à Saint-Dié, — ni les déclarations (*que je mitige et gaze*) de l'aliboron Morizot, en pleine classe, devant ses élèves garçons et filles :

« Les soldats français sont des voyous et des lâches.

« Les soldats allemands ont bien fait, en 1870, de tuer des enfants au berceau.

« Ceux qui croient en Dieu sont des imbéciles.

« Il ne faut pas se confesser aux curés, mais à ceux auxquels on a fait tort.

« Le bon Dieu est un portemonnaie bien garni.

« Il n'y a pas de différence entre l'homme et la vache. »

Morizot ne fut pas inquiété.

Les pères de famille, à force d'instances, obtinrent d'abord son déplacement : mais Morizot y gagna *200 francs* d'augmentation annuelle !

Les pères de famille s'obstinèrent, et le misérable se trouva enfin un jour en face de juges qui le condamnèrent. Voilà qui prouve bien l'utilité des associations de pères et mères de famille !

Mais quelle honte, qu'une mentalité pareille chez les éducateurs de la jeunesse! Jamais un peuple n'est descendu si bas!

Et le F∴ Hervé écrit dans la *Guerre sociale*: « *Dans une centaine de conférences pédagogiques mes livres, quoique hérétiques, ont été inscrits d'emblée, sans opposition des inspecteurs primaires, ni des inspecteurs d'académie.* »

Les instituteurs organisent, au besoin sous les auspices de la Ligue des Droits de l'homme ou par l'intermédiaire de leurs Amicales, des réunions, hier en l'honneur de Ferrer, aujourd'hui pour insulter l'Episcopat. L'invitation au meeting de Nevers en 1909 se terminait par ces mots:

« A bas l'Eglise et les despotes!
« Vive l'école et la morale laïque!
« Vive la République démocratique et sociale!
« Vive l'entente internationale des travailleurs! »

A la conférence faite à Cholet le 16 février 1910, on distribuait avant tout un libelle vouant tous les cléricalismes à la haine et au mépris des générations à venir, le cléricalisme catholique surtout, qui, en dix siècles, « a accumulé un nombre de victimes dix fois « supérieur aux plus grands fléaux, ou aux plus formi- « dables guerres qui désolèrent l'humanité!!! »

On y trouve encore cette phrase:

« ... Il faut que tous les républicains, que tous les « démocrates, tous les libres-penseurs, tous les socia- « listes... se souviennent qu'ils sont les dépositaires de

« la Libre-Pensée du monde et que l'âme des Conven-
« tionnels de 93 doit toujours vivre et vibrer en eux ! ».

Après la guerre de 1870-1871, les Allemands pro-
clamèrent bien haut que c'était l'instituteur allemand
qui avait battu la France, tant le corps enseignant
d'Outre-Rhin avait su former des générations trois fois
invincibles, parce que attachées inébranlablement à
leur *sol*, à leur *empereur* et à leur *foi !*

Hélas ! *si les aliborons continuent* chez nous leurs
ravages, et si la guerre éclate demain, on pourra sans
doute dire encore une fois que c'est l'instituteur qui a
battu la France...

... Mais cet instituteur-là — ô honte ! — ce ne sera
pas l'instituteur allemand !!!

VI. – Les produits
de l'Ecole laïque

Etant donné cet enseignement, qui déracine les
âmes, vide les cœurs et les cieux, assimile les hommes à des animaux sans attache avec le passé et l'a-
venir, pas étonnant que « cela aille si mal » dans les
écoles et sur la terre de France !

Même au simple point de vue matériel et « succès d'examens », ça ne va pas du tout. La fréquentation scolaire laisse beaucoup à désirer, et la Correspondance hebdomadaire de la *Ligue française de l'Enseignement* répète ce cri d'alarme avec son autorité toute spéciale : *Un péril national. La loi sur l'instruction obligatoire n'est plus observée. Nous retournons à la barbarie.*

Ecoutez le socialiste Allard : « Les *résultats* ne sont pas satisfaisants ; *ils sont même misérables.* Car on n'a pas donné au peuple l'instruction qu'on lui avait promise. L'instituteur lui-même n'a qu'une culture rudimentaire et les enfants sortent de l'école *aussi illettrés qu'ils y étaient entrés.* »

L'*Action* (pas la *française*, mais la judéomaçonnique) gémit. Ecoutez-la : « *Voici une école publique qui n'a que deux élèves de reçus sur 14 candidats au certificat d'études, alors qu'à l'école libre voisine, 5 élèves sur 5 sont reçus à l'examen du brevet de capacité. Cette école privée voit tous ses candidats admis tandis que les 11 élèves d'une école publique sont tous éliminés.* »

L'*Action* proteste :

De telles choses, écrit-elle, sont faites pour décourager tout à la fois les maîtres et les élèves des écoles laïques.

Parfaitement ! Et le spirituel Henry Maret indique la solution ; « Il y a des gens tellement échauffés par leur zèle anticlérical, qu'ils sacrifieraient volontiers tous les intérêts de leur pays à la disparition d'un curé. Pour moi, je m'étonne toujours que nos Conseils d'instruction publique se donnent tant de peine pour rédiger des programmes à l'usage des établissements scolaires. Une simplification s'impose, laquelle est dans tous les esprits : que les bambins crient de toutes leurs forces : « A bas la calotte ! » et les voilà bacheliers. Un avenir éblouissant leur est ouvert. »

Mieux que cela : tous les fils d'anticléricaux devraient venir au monde avec, sous les bras, tous les diplômes imaginables; et, sur la poitrine, toutes les décorations d'autrefois, d'aujourd'hui... et de demain (1) !

Le journal blocard *Le petit Ardennais* est contraint d'avouer que « nous assistons à une véritable faillite des mœurs » et cela n'a rien de surprenant, car, ainsi que le disait Mgr Postel, « *vouloir faire de l'éducation sans Dieu, c'est vouloir faire de l'agriculture sans soleil !* »

Ecoutez ces aveux :

Allard (socialiste) : « Qu'on ait donc le courage de dire, à l'école et dans les livres d'école, *qu'en tuant Dieu on a supprimé la morale et avec la petite cervelle de cet enfant qui ne peut encore ni réfléchir, ni résister, — vous en faites l'apache ; — et vous cherchez les causes de la criminalité !... vous faites l'apache... vous faites l'apache... vous faites l'apache !* »

---

(1) Voir le chapitre intitulé : *Deux serins qui rêvent tout haut et remettent le nommé Dieu à sa place*, dans mes *Coups de clairon et coups de feu*. — Prix : 1 franc.

M. **Blanc**, député, instituteur passé et futur, disait tout dernièrement à la Chambre :

« Si nous avons ajouté quelque chose à cette morale religieuse, nous en avons retranché, en outre de Dieu, le couplet relatif à la luxure. »

On voit où est tombée la morale laïque. Et cela me fait penser à ce mot d'un homme de bon sens, à qui l'on montrait combien de jeunes filles étaient mal élevées de nos jours :

— Oh ! répondit-il, grâce à l'éducation donnée aux garçons, ceux-ci ne s'en apercevront jamais !

C'est l'exécution de la fameuse circulaire maçonnique de 1838 :

Le meilleur poignard pour frapper l'Eglise au cœur, c'est la corruption. Popularisez donc le vice dans les multitudes ; qu'elles le respirent par les cinq sens, qu'elles le mangent, qu'elles le boivent, qu'elles en soient saturées. Faites des cœurs vicieux et vous n'aurez plus de catholiques.

Les statistiques officielles sont effrayantes... et elles ne disent pas tout !

Nous lisons dans le n° 647 de la *Vérité populaire* (25, rue Pasteur, Châlons-sur-Marne) :

« Les STATISTIQUES. — Crimes et Délits. Les mineurs criminels, qui étaient 13.000 en 1841, s'élèvent au nombre de 20.000 en 1880, de 36.000 en 1891.

« Pour l'année 1905, le ministre Guyot-Dessaigne, effrayé de l'impression que pouvait faire sur l'opinion la publication d'une statistique complète, accuse seulement 35.626 mineurs coupables. Mais il est contraint d'avouer que ce chiffre est loin de correspondre au nombre réel des mineurs poursuivis. Sur cent enfants dénoncés en 1905, 92 ont échappé à toute répression effective. La recrudescence de criminalité entre 1891 et 1905 est donc effrayante.

« Suicides. Le chiffre des suicides d'enfants de moins de 16 ans était de 25 en 1875. Il passe à 120 en 1900.

« Pour les mineurs (de 16 à 21 ans) le nombre des suicidés, qui s'élevait à 168 en 1875, s'élève à 781 en 1900. (Et encore dans ce dernier chiffre ne figurent plus ceux qui se sont noyés dans la Seine, bien que la noyade soit le mode de suicide le plus facile et le plus usité.)

« Et nous ne sommes qu'au printemps de la loi scolaire... *Nous ne récoltons encore que les primeurs... Que sera-ce en pleine moisson ?*

Ecoutez l'*Avenir*, de Reims :

« *Vous reconnaîtrez l'arbre à ses fruits* », nous dit l'Evangile, auquel M. le Procureur se réfère volontiers (dans le procès de l'Amicale contre S. E. le cardinal de Reims).

« Or, voilà quelque trente ans que l'école neutre fonctionne, s'étend, supprime ses rivales par lois et par décrets; les fruits de l'arbre doivent être visibles et la jeunesse française est maintenant régénérée. Voyons un peu :

« Hier, je lisais dans un journal : «Les prisons deviennent trop étroites; et, chose curieuse, dans la prison d'Autun, d'où il a fallu évacuer les plus coupables, sur 46 assassins, 30 n'ont pas vingt ans. »

« D'autre part, je lis dans le compte rendu des Cham-

bres : « Le ministre de la guerre prend des mesures pour
que les jeunes condamnés de droit commun n'envahissent
pas notre armée.»

« J'interroge autour de moi; pères et mères me répon-
dent qu'on n'obtient plus ni obéissance, ni respect; que la
jeunesse et même l'enfance sont impatientes de tout frein ;
que de leur cœur semblent disparaître les sentiments les
plus nobles; que, dès qu'ils se suffisent, ils refusent d'aider
aux vieux jours de ceux qui les ont élevés et nourris jusque
là.

« La semaine dernière, un journal de gauche écrivait :
«La France tient le record pour la traite des blanches et la
prostitution des mineures. »

« Il y a longtemps que les ecclésiastiques nous ont fait
cette remarque :

« Rarement nous sommes insultés par des hommes
faits ; par des enfants et des jeunes gens trop souvent.»

« En vérité, la justice a mal choisi son heure pour ôter
sa toque et envoyer un salut d'admiration aux régénérateurs
de la jeunesse française.»

« Ouvrir une école, c'est fermer une prison ! » disait dans son emphase naïve Victor Hugo.

A quoi, M. Peysonnié, avocat général dans les dé-
bats de l'assassinat du jeune catholique Hippolyte De-
broise, répond :

« J'ai été de ceux qui ont cru que toutes les fois qu'on ouvrirait une école on
fermerait une prison .. Nous sommes
loin de compte.»

AVEUX NON SUSPECTS :

Du *Matin* : « Trente mille apaches sont les maîtres
du pavé de Paris ; on pille, on tue, on viole, et les

journaux renoncent à tout raconter... Ce qu'il y a de plus triste, c'est *que les deux tiers de ces bandits ont de quinze à vingt ans.* Aussi partout retentit un cri unanime : « Défendons-nous ! Défendons la société ! »

Du *Petit Parisien* : « Les malfaiteurs pullulent dans les villes et dans les campagnes... Plus ils sont jeunes, plus ils se montrent audacieux et cruels, et *les tribunaux ont continuellement à juger des bandits imberbes,* qui se glorifient de leurs sanglants exploits... *L'armée du crime n'a jamais été aussi nombreuse, aussi puissante...* Tous les bons citoyens sont, en ce moment, unis pour réclamer des châtiments exemplaires pour toute cette adolescence criminelle. »

Du *Petit Journal* : « Il ne se commet plus aujourd'hui de crime atroce qui ne soit l'œuvre de jeunes gens, presque d'enfants. »

Donc, en résumé, jamais il n'y a eu autant d'illettrés, de mendigots, de sans-patrie, de déserteurs (1), de corrompus, de souteneurs, d'assassins, de soleillands !

« La responsabilité de ce funeste état, écrit M.
» Henry Joly, le célèbre académicien, incombe surtout
» à l'éducation officielle qui en arrive à ce minimum
» de morale incapable de défendre l'enfant contre de
» telles horreurs. »

Ecoutez :

Le *Figaro* : « L'âge de ces criminels oscille entre 17 et 20 ans. Par conséquent, tout ce joli monde était encore sa

---

(1) Le *Temps* nous révélait l'autre jour qu'il y en avait 70.000 fin 1909, alors qu'en 1898 il n'y en avait pas 7.000...

nourrice, lorsque l'homme de gouvernement de la troisième République fit charger les crucifix des écoles dans des tombereaux... Par conséquent *celte jeunesse a été élevée dans des classes où l'on parle de tout, excepté de Dieu*, Père de la morale. » (CORNÉLY.)

M. GAUFRÈS, membre du Conseil supérieur de l'instruction publique : « *Nous sommes tombés dans l'erreur* en nous imaginant que l'instruction pouvait suffire à tout et que l'éducation était quantité négligeable. »

« L'instruction n'agit efficacement contre le vice et contre les crimes qu'autant qu'on y joint *l'éducation morale*. Cette éducation morale dont tout le monde reconnaît la nécessité, l'école publique la donne-t-elle ? Nous sommes bien forcés d'avouer que **non**... La vérité c'est que *l'éducation morale de l'enfance ne peut facilement donner de résultats que si elle est fondée sur la religion.* »

Georges OHNET : « *L'éducation sans Dieu* a, dans la faillite des mœurs, *une part de responsabilité formidable.* L'abaissement des consciences, la recrudescence des crimes, la précocité des scélérats, sont *le résultat de la déchristianisation à outrance.* »

Le *Petit Journal* : « Il y a quelque chose de **pourri** dans l'éducation qu'on donne à la jeunesse aujourd'hui. »

Le député radical, avocat et docteur, M. BESNARD : « Une des raisons de la criminalité est *la fin de l'idéal religieux*, et nul ne l'a remplacé. »

Est-ce assez clair ?

On n'aurait pas dû oublier le mot si significatif prononcé, il y a quelques années, en cour d'assises, par le révolutionnaire *Bousquet. Poursuivi pour excitation au pillage et apologie de crimes*, il s'expliquait avec une simplicité et une sincérité qui impressionnaient l'auditoire : « Mais où donc, lui dit le président, avez-vous appris ces doctrines de haine ? » Et Bousquet répondit : « J'étais un ignorant ; ce que je pense, ce que sais, je l'ai appris dans les petits livres qu'on met, à la laïque, entre les mains de ma fillette. »

La réponse fit scandale.

Il y avait de quoi !

Mais il y a plus encore ; c'est le nombre élevé des suicides d'enfants (1) ! L'année dernière, en quelques mois, 7 enfants des écoles laïques se sont suicidés : 3 se sont jetés à l'eau, 2 se sont pendus avec la corde de leur toupie, et le petit Nény, fils d'un instituteur, élève du lycée de Clermont-Ferrand, s'est tué d'un coup de revolver, en pleine classe !

Le grand-maître de l'Université, le ministre de l'instruction publique, le huguenot Doumergue, interpellé à ce sujet par M. Maurice Barrès, n'a pas trouvé un mot de réconfort à adresser aux témoins de ce drame affreux. « C'est encore un coup de la réaction et de la calotte ! », s'est-il contenté de dire.

Aussi bien, qu'aurait-il pu faire ? Ne lisons-nous pas dans le *Journal des instituteurs* du 24 décembre 1895, p. 50 :

« Que devons-nous faire quand il nous est arrivé de faillir à un de nos devoirs ? Si la faute est tellement grave qu'elle puisse flétrir notre honneur, nous devons résolument « préférer la mort à la honte. Faisons-nous justice nous-mêmes. »

Quel enseignement peuvent donner des maîtres imbus d'idées aussi criminelles !

----

(1) Voir plus haut les statistiques.

Je voudrais me faire entendre de tous les instituteurs et institutrices de France, de tous les pères et
mères de famille, de tous les élèves des écoles laïques...

Et je dirais aux instituteurs et institutrices : « Rappelez-vous toujours cette parole
— sincère ou non — mais si jolie de Jules Ferry : *Ne
touchez qu'avec les plus grands scrupules à cette chose
admirable et sacrée qu'est la conscience de l'enfant !*
Surveillez vos paroles, car, de même qu'on ne sait pas
où la brise qui passe emporte la graine qu'on lui
confie distraitement, vous ne savez pas si telle ou telle
parole légère, inconsidérée, criminelle, jetée par vous
au cours de vos leçons n'ira pas se blottir au plus
profond de quelque âme et ne donnera pas un jour
une tige hideuse, une fleur de doute, un fruit de
mort ! — Et, si vous donnez un mauvais conseil à ces
jeunes âmes, tremblez chaque fois que retentit le déclic du couperet de la guillotine : le vrai coupable est-
il bien celui dont la tête tombe en ce moment, ou
n'est-ce pas plutôt tel maître criminel qui a jeté dans
l'âme d'un enfant la semence empoisonnée qui a fleuri
en haines, en passions, en crimes ! — Et, surtout ne
répétez jamais le blasphème du *Journal des Instituteurs !* Non, ne donnez jamais aux enfants le conseil
abominable de s'évader de la vie, de la lutte, du devoir,
par le suicide ! Ecoutez-moi bien : si bas que soit
tombée une âme, si vile soit-elle, il peut toujours, de
quelque point de l'horizon humain ou divin, se glisser
sur elle un rayon de souvenir pur ou de radieuse espérance, et d'ailleurs il a coulé, il coule toujours de la

Croix du Calvaire assez de sang sur le monde pour laver l'âme la plus souillée et faire rayonner sur toute pourriture morale le reflet de l'idéal. Ne voit-on pas parfois des roses étincelantes de fraîcheur éclater sur un bourbier, et d'un charnier immonde ne voit-on pas les lis jaillir victorieux et purs loin de la fange, vers les cieux ? »

Et je dirais aux pères et mères de famille : « Prenez garde ! Si vous avez le choix entre deux écoles, l'une mauvaise et l'autre bonne, prenez garde ! Si, par je ne sais quel intérêt matériel ou mesquin, vous livrez votre enfant à l'école mauvaise, prenez garde ! Prenez garde qu'un jour il n'en arrive, lui aussi, au point où ses devanciers ont sombré, s'étranglant avec l'instrument même de leurs jeux ou se tuant en pleine classe ! Prenez garde qu'à l'heure suprême du suicide, dans une éclaircie de son esprit et de son cœur, votre enfant, au moment de presser le doigt sur la détente, ne pense tout à coup que le chemin qui l'a amené au crime, à la honte, au désespoir et à la mort, ce sont ses parents qui le lui ont fait prendre... Prenez garde qu'il ne vous maudisse en se suicidant !... »

Et je dirais aux petits enfants de France : « Non, n'écoutez pas ces voix infernales qui montent de l'abîme ! Ecoutez plutôt les voix douces qui viennent du ciel étoilé ou qui chantent à travers les rosiers des tombeaux ! Elles vous disent, ces voix des martyrs, des croisés, des vieux grognards, de tous les héros de « Foi et Patrie » qui si généreusement,

sous tous les cieux, sur toutes les plages, ont versé
leur sang, elles vous disent que le chemin qui s'ou-
vre devant la jeunesse vaut la peine d'être parcouru :
un sable d'or s'étend sous vos pas, les haies sont plei-
nes de brises et de caresses, de nids et de chansons ;
tout est vert, tout est bleu, tout est rose, tout vous
invite à la joie, à l'espérance, à l'audace, et tout là-
haut, là-haut, voyez, s'étale, comme le sourire même
de Dieu, le sourire de l'immensité, ce sourire si bon,
qu'il donne le bonheur... Puis, vous arriverez au champ
de bataille de la vie, et la vie aussi vaut la peine d'être
vécue, et à plusieurs titres : comme fils pour l'honneur
de vos parents, comme citoyen pour la grandeur de la
patrie, comme soldat pour la gloire du Drapeau et
comme chrétien pour les promesses de l'Eternité ! »

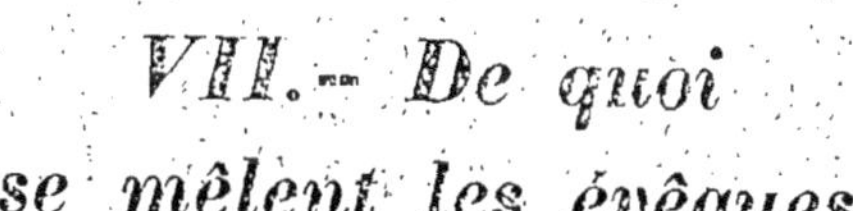

VII. — De quoi
se mêlent les évêques

En présence de la mentalité et des attentats de
certains maîtres d'école, en minorité sans doute, mais
trop nombreux quand même, en présence de l'enseignement oral ou du manuel, enseignement qui ne tend

à rien autre qu'à tuer dans l'âme des enfants l'idéal humain, patriotique et religieux, les évêques français ont élevé une énergique protestation.

Et des Blocards osent demander : « De quoi se mêlent les Evêques ? »

La réponse est aussi simple que péremptoire : à l'inverse des Taupes des Loges qui se sont mêlées de ce qui ne les regardait pas (éducation, laïcisation, poursuites contre les évêques, projets contre les écoles libres, etc.), *les évêques, eux, se mêlent de ce qui les regarde !*

En effet, les évêques (du grec *scopéô*, je veille, *épi*, sur) ont pour mission de veiller sur les âmes.

Or, ils ont constaté que, en ces dernières années surtout, les âmes des enfants catholiques sont en danger dans les écoles où pérorent certains maîtres et où sévissent certains manuels.

Donc, leur devoir était de signaler ce danger aux parents de ces enfants, responsables devant Dieu !

Dans leur domaine spirituel, leur cas est analogue, au cas du médecin de l'Assistance publique qui *peut* et qui *doit* signaler les endroits, les locaux, les objets où couve la peste, le choléra, la typhoïde, etc.

L'antipatriotisme, l'anticléricalisme, l'athéisme et le matérialisme... ne sont-ils pas, à des titres divers, de vraies pestes dont devait s'inquiéter l'admirable corps de *patriotes* et de *catholiques* que constituent les *évêques* français ?

L'éducation première est d'une importance telle, qu'Alfred de Musset a pu écrire :

Le cœur de l'homme vierge est un vase profond....
Lorsque la première eau qu'on y verse est impure,
La mer y passerait sans laver la souillure,
Car l'abîme est immense... et la tache est au fond !

C'est dès le tendre bouton qu'il faut protéger la fleur contre les frimas, les vers et les méchants, si l'on veut jouir un jour des grâces, des sourires, des parfums et des baisers des roses.

On a ajouté que les évêques obéissaient *à des suggestions étrangères...* « *à des ordres venus de l'étranger* », comme disait la Grosse Sardine de Saint-Nazaire !

Il est cynique, ce reproche, sur les lèvres de ceux qui, en sapant tous les piliers de la patrie française, travaillent en réalité *pour l'étranger !*, — ou qui, apôtres d'un humanitarisme creux et déliquescent, prêchent une *fraternité universelle*, impossible sans Dieu comme centre et sans l'Eglise comme lien, — et qui, enfin, ayant supprimé les frontières là où il en faut, *entre les patries*, les veulent rétablir là où il n'en faut pas, là où il ne peut pas y en avoir, *entre les âmes !*

Et puis, qu'est-ce que le Pape ? C'est le *lieutenant de Dieu ici-bas.* Il tient la place de Dieu. Il est chez lui dès qu'il est chez le bon Dieu. Or, le bon Dieu n'est-il pas partout chez lui ? Donc le Pape n'est nulle part un étranger : il est partout chez lui, chez son maître, chez le bon Dieu ! Les évêques français obéissent à leur conscience seule, à Dieu ; et les pères de famille aussi ! Ceux-ci se rendent bien compte que ce n'est pas parce que certains Manuels scolaires ont été condamnés par l'épiscopat qu'ils sont mauvais, mais c'est parce qu'ils sont mauvais qu'ils ont été condamnés !

Enfin, nous avons l'aveu de Briand lui-même (et ce n'est pas peu dire... voyez-vous Satan proclamant la vérité) ! En effet, Briand, président du Conseil (hélas ! ô honte !), a déclaré à la Chambre, le 20 janvier 1910 : « Il faudra bien que nous nous y habituions : *les évêques ont usé d'un droit; il n'y avait pas lieu de demander contre eux des poursuites et nous ne l'avons pas fait... Ils avaient le droit d'écrire aux parents catholiques que leur devoir est d'élever leurs enfants dans la foi catholique.* »

Et — constatation stupéfiante ! — le jugement inique, hypocrite, scandaleux qui vient de condamner Mgr de Luçon, reconnaît lui-même (!) le *droit* des évêques !!! et celui de Nancy, acquittant Mgr Turinaz, proclame le *non-droit* des Amicales !

D'ailleurs, ces juges et leur Briand n'ont aucun mérite à reconnaître la chose, car, depuis la Séparation de l'Etat et de l'Eglise, il y a divorce, à la demande et aux torts du mari.

De quel droit le mari (l'Etat) divorcé, sur sa requête, prétendrait-il s'immiscer encore dans les faits et gestes de son épouse (ou soi-disant) ?

VIII. — Paroles d'Evêques et de Pape

Nos évèques ont donc condamné en toute compétence, en toute justice, les mauvais maîtres et les mauvais manuels.

Retenons quelques-uns de leurs accents :

Mgr Delamaire (en 1907) : « *Si l'école neutre devenait impie, nous n'hésiterions pas à rappeler aux parents qu'ils ont charge d'âme devant Dieu, et qu'aucun intérêt temporel, si grave qu'il soit, ne peut être mis en balance avec l'âme de leurs enfants.* Laisser ses fils et ses filles dans des écoles souillées par l'impiété, sous prétexte de sauver sa situation ou de sauvegarder son avancement, ce serait vendre à l'ennemi l'âme de ces pauvres enfants, marché indigne d'un noble cœur, indigne d'un noble chrétien. »

Mgr Andrieu : « *On ne peut trouver mauvais que les évêques, usant de leur droit de prêcher l'Evangile à toute créature, dénoncent aux familles, l'inqualifiable abus de confiance dont se rendent coupables les instituteurs qui mettent en péril la foi et la vertu de leurs élèves.* »

Mgr Ricard : « *L'apostasie de l'école primaire* a préparé et rendu possible *l'apostasie nationale* consommée par les lois de *Séparation* et de *Dévolution.* »

Mgr Lecot : « Le père de famille, spectateur de l'assassinat moral de son fils, devra-t-il rester les menottes aux mains, impuissant à sauver l'âme de son enfant ? »

Mgr de Cabrières : « Je vous dis, moi : N'obéissez

plus ! Nous ne pouvons ni ne devons obéir aux mauvaises lois. Le but poursuivi par le gouvernement est ouvertement hostile à la religion. Donc nous devons déclarer ouvertement la guerre à ceux qui veulent détruire la foi. »

Mgr Turinaz : « Le peuple qui supporterait une pareille tyrannie ne serait plus le peuple de France. »

Tous les Evêques de France (dans leur lettre collective) : *« C'est un devoir rigoureux, partout où il existe une école chrétienne, d'y envoyer vos enfants, à moins qu'un grave dommage ne doive en résulter pour eux ou pour vous.*

« L'Eglise défend de fréquenter l'école neutre, à cause des périls que la foi et la vertu des enfants y rencontrent. C'est là une règle essentielle qu'on ne doit jamais oublier.

« Il se présente néanmoins des circonstances où, sans ébranler ce principe fondamental, il est permis d'en tempérer l'application. L'Eglise tolère qu'on fréquente l'école neutre quand il y a des motifs sérieux de le faire. Mais on ne peut profiter de cette tolérance qu'à deux conditions : il faut que rien dans cette école ne puisse porter atteinte à la conscience de l'enfant ; il faut, en outre, que les parents et les prêtres suppléent, en dehors des classes, à l'instruction et à la formation religieuses que les élèves n'y peuvent recevoir.

« Quelle est la force obligatoire de ces règles de conduite qui s'appliquent aux institutions où l'on donne l'enseignement secondaire aussi bien qu'aux écoles primaires ? Les instructions pontificales déclarent qu'elles obligent sous peine de faute grave et qu'il ne serait pas permis d'absoudre, au tribunal de la pénitence, les parents qui, avertis de leur devoir, négligeraient de le remplir.

« Enfin, nos très chers Frères, nous voulons nous-mêmes vous aider dans l'œuvre de surveillance à laquelle nous venons vous convier. C'est pourquoi, usant d'un droit inhérent à notre charge épiscopale, et que les lois et les tribunaux chercheraient en vain à nous contester, nous condamnons collectivement et unanimement certains livres de classe qui sont plus répandus, et dans lesquels apparaît davantage

l'esprit de mensonge et de dénigrement envers l'Eglise catholique, ses doctrines et son histoire.

« Aussi, nous interdisons l'usage de ces livres dans les écoles et nous défendons à tous les fidèles de les posséder, de les lire et de les laisser entre les mains de leurs enfants, quelle que soit l'autorité qui prétende les imposer. »

L'*Osservatore romano,* organe officieux du Vatican, écrit à ce sujet :

« Il ne s'agit pas pour les enfants fréquentant les écoles neutres d'accepter quelques livres et d'en repousser d'autres. Les parents catholiques devront s'abstenir d'envoyer leurs enfants dans les écoles indignes d'être fréquentées par les enfants catholiques et où l'on impose l'emploi de livres condamnés par l'Eglise. Il ne s'agit donc pas d'une intervention dans les écoles. »

Et Notre Saint Père, le Pape Pie X, recevant, en décembre 1909, les pèlerins de Notre-Dame du Salut, leur dit, avec une émotion inexprimable :

« Témoins du mal immense qui se fait aux âmes par l'école laïque, par la contrainte faite à la jeunesse de se servir de livres impies et immoraux, comment les *Evêques de France* pourraient-ils tolérer que le peuple soit trahi dans ses intérêts les plus sacrés? Sentinelles avancées, ils jettent le **cri d'alarme** et attirent l'attention des pères de famille sur les périls qui menacent leurs enfants. Alors que tout citoyen français a le droit de faire entendre sa parole et ses plaintes aux autorités suprêmes, la vérité proclamée par les évêques devient un objet de haine et d'hostilité de la part de ceux-là mêmes qui gouvernent, et non seulement on enlève à ces évêques le droit d'instruire les fidèles de leur devoir, mais on en arrive au point d'exciter et de soutenir ceux qui les traînent devant les tribunaux. »

IX.-- *De quoi se mêlent les pères et mères de famille ?*

Cette question saugrenue ayant été posée, elle aussi, en public, dans les écoles, dans les journaux blocards, à la Chambre et dans les Loges, il me faut bien y répondre.

Et je le ferai péremptoirement.

Certains Blocards ont prétendu que les enfants n'appartenaient pas à leurs parents, mais *à l'Etat* ou *à eux-mêmes*... car ils ne s'entendent même pas entre larrons.

Les enfants, dites-vous s'appartiennent à eux-mêmes ? La bonne blague ! Voici un mioche d'un an, de 5 ans, de 10 ans, de 15 ans, mettez-lui donc le bâton du pèlerin dans la main et envoyez-le, livré à lui-même, sur les chemins de la vie ! — Imbéciles !

Les enfants, dites-vous, appartiennent à l'Etat et les parents n'ont aucun droit sur eux ? Très bien, mais alors quand ils ont besoin de vêtements, de nourriture, de médicaments et de soins, est-ce l'Etat qui les leur procure ? Quand ils souffrent, est-ce l'Etat qui partage leur douleur ? Et quand ils sont étendus, raides, froids, sans vie, sur leur couchette humble ou luxueuse, est-ce le cœur d'un Fallières qui se broie,

l'âme d'un Briand qui se déchire, les yeux d'un Clemenceau qui sentent se tarir la source de leurs pleurs?
— Misérables !

Ce sont les parents qui vêtent, nourrissent et soignent leurs enfants, comme ce sont eux qui souffrent de leurs souffrances et voudraient cent fois mourir pour leur épargner la mort !

Oui, nos enfants sont à nous ! Il sont l'os de nos os, la chair de notre chair et le sang de notre sang !

Nos enfants ! mais c'est nous-mêmes remontant le côté ensoleillé de la colline de nos jours, et ils nous font comprendre que « la jeunesse est le plus doux moment que l'homme, ombre qui passe, ait sous le firmament ! »

Les enfants sont si bons, si purs et si joyeux !
On sent que les erreurs de cette âpre vallée
N'ont pas encore flétri leur âme immaculée,
Broyé leur cœur candide et fait pleurer leurs yeux !

Si bien que nous répétons tous la prière de Victor Hugo :

Seigneur, préservez-moi, préservez ceux que j'aime,
Frères, parents, amis et mes ennemis même
    Dans le mal triomphants,
De voir jamais, Seigneur, l'été sans fleurs vermeilles,
La cage sans oiseaux, la ruche sans abeilles,
    La maison sans enfants !

« Tout citoyen, dit Gurnaud, et par conséquent tout père de famille, a sur les affaires publiques un droit de *contrôle* et de *surveillance*, à l'exercice duquel l'école ne saurait échapper. Vous avez tous, Messieurs, à titre égal, pour manifester votre opinion sur l'école, l'usage du bulletin de vote et de toutes les tribunes dont notre législation, en organisant la liberté de la parole et de la presse, vous a garanti l'accès. A ce titre, rien de ce qui se passe dans l'école, rien de ce qui touche au domaine de l'enseignement ne peut vous être étranger.

« Mais il en est parmi vous, Messieurs, qui jouissent d'un droit, infiniment plus étendu, ce sont les pères de famille dont les enfants su vent les leçons de l'instituteur public. Ce droit n'est plus seulement celui du citoyen, c'est celui du père ; c'est le droit d'éducation. Il est formellement sanctionné par la loi civile : « Les époux contractent ensemble, par le seul fait du mariage, l'obligation de nourrir, entretenir et élever leurs enfants », art. 203 du Code.— « L'enfant reste sous l'autorité de ses père et mère jusqu'à sa majorité ou son émancipation. »

Donc, toute la journée aussi bien que la nuit ! Donc alors même qu'il est entre les mains de l'instituteur, sinon, comme le constate Mgr Dadolle, il se produirait une véritable monstruosité :

« Comment ! de 8 heures à 11 heures et de 1 heure à 4 heures, les enfants n'auraient plus ni père ni mère ? Ce serait M. l'instituteur ou M. l'inspecteur qui seraient seuls chargés de leur faire une conscience ! ! »

Et si nos enfants sont à nous, avons-nous le droit de nous « mêler » de leur éducation !

Comment ? nous avons le droit — jusqu'à présent

du moins — d'élever comme il nous plaît nos fleurs, nos serins, nos lapins, nos veaux et même nos habillés de soie grognards et gras à lard : le Bloc n'a pas encore prescrit pour eux tel liquide et telle nourriture obligatoires ; enfin, la Franc-Maçonnerie, qui aime pourtant beaucoup se mêler de ce qui ne la regarde pas, n'a pas encore fait décréter par ses « délégués aux Chambres, au ministère et à l'Elysée », que les non-maçons sont contraints de nourrir leurs animaux avec un liquide empoisonné et des plantes vénéneuses... — et, cela étant, on voudrait nous arracher, à nous, pères et mères de famille catholiques et français, nos droits sur nos enfants, sur leur éducation, et nous contraindre à les envoyer dans des classes où de mauvais bergers leur donneront une nourriture dangereuse, malsaine, mortelle ? ? ?

Non, jamais ! Et nous chanterons, en partant à la bataille, comme les catholiques belges dans la même circonstance : *Non, vous ne l'aurez pas, l'âme, la chère et belle âme de nos enfants !... Non, vous ne l'aurez pas, tant que le soleil éclairera notre pays, tant qu'il restera une obole dans nos bourses !... Des écoles et des maîtres sans Dieu, délivrez-nous, Seigneur !*

X. -- *Menaces des Loges*

Les Taupes — auteurs ou instituteurs — troublés

dans leur œuvre de destruction et de mort, ont grincé des dents, aiguisé leurs griffes et éclaté en menaces :

Le *Petit Marseillais*, journal républicain avancé de Marseille, nous apprend que c'est dans les *Loges*, en effet, qu'a été conçue l'idée de poursuivre les évêques; que le projet a été élaboré par le *juif* Grunbaum, et qu'enfin le *protestant* Doumergue y a donné son plein consentement. Et c'est ainsi que partout et toujours nous retrouvons, unis et acharnés contre nous, les « quatre Etats confédérés » contre la France : juif, maçon, huguenot et *métèque*.... Celui-ci, qui est dans la coulisse, est celui pour qui travaillent les mauvais Français alliés aux juifs.

Mais ces menaces de poursuites contre *tous* les évêques ont fait long feu.

Aussi bien, les auteurs et les Amicales n'ont pas une bonne presse !

Ecoutez l'*Humanité* de Jaurès :

« Comme il convient en régime capitaliste, c'est une affaire purement commerciale. Ces messieurs assurent qu'un tort est fait au débit de leur denrée par la critique et l'«interdiction » épiscopales.

« Mais ne voient-ils pas ce qu'a de dangereux une pareille conception ? Ne voient-ils pas qu'il ne s'agit de rien moins que de supprimer toute critique : littéraire, dramatique, musicale, etc. ?

« Tout homme qui écrit ou dit, à tort ou à raison, qu'un livre est mauvais, absurde, pernicieux et cherche à le prouver, conseille par là-même de ne pas le lire et, partant, de ne pas l'acheter.

« J'ai trouvé votre vaudeville ennuyeux à périr. Vous m'intentez un procès parce que j'empêche mes amis et

connaissances d'aller le voir. Je le leur interdis dans la
mesure de mon influence et, dans cette mesure, je cause un
« préjudice » plus ou moins considérable à l'auteur, — et
dans une fort mauvaise intention, selon lui...

« Ce procès montre comment certains libres-penseurs
entendent la liberté de la pensée (1) ! »

Et *Gil Blas* n'est pas moins dur :

« Si vous traînez les évêques en justice, si vous parve-
nez à les faire condamner à l'amende, s'ils refusent de
payer, ce qui est certain, et si vous êtes obligés d'ordonner
qu'on les traîne en prison, vous leur ferez une magnifique
réclame. Ils diront la messe dans leurs cellules, les fidèles
iront chanter des cantiques au pied des geôles, les préaux
verront des miracles et vous aurez transformé en basiliques
imprévues des établissements pénitentiaires primitivement
destinés à tout autre chose qu'à servir de lieux de pèleri-
nage. Si c'est ce que vous voulez, il faut le dire! »

Et la *République Française* fait remarquer avec
raison :

« En présence des textes des évêques quel est l'instituteur qui pourrait assigner? A quel titre le ferait-il? Il ne
pourrait pas soutenir qu'il est visé personnellement. Pas
davantage qu'il est visé comme membre d'une collectivité,
puisque la collectivité n'est pas visée. Dira-t-il qu'il s'est
reconnu parce qu'il a conscience d'avoir manqué à la neutralité? Alors, il se diffamera lui-même. Et si l'instituteur

____

(1) Un des auteurs de manuels condamnés, M. Devinat, directeur de
l'Ecole normale d'instituteurs de la Seine, plus prudent, écrit dans son
Ecole Nouvelle, numéro du 25 décembre 1909, page 171 : « Les hommes
les plus compétents m'ont fait comprendre que pour soutenir un tel
procès, j'aurais grand avantage, tout au moins, à produire la preuve
que le manifeste des évêques m'a occasionné non seulement un dommage moral, mais des dommages matériels sous la forme directe et
sensible dans la vente de mon ouvrage. Or, jusqu'ici, cette preuve me
fait défaut... » Voir notre brochure sur le *Sabotage de l'histoire de
France*.

X... ou l'instituteur Y... n'a pas d'action, comment cent mille instituteurs abrités sous l'anonymat de l'Amicale, en auraient-ils une ? Cent mille fois zéro font toujours zéro. »

Enfin, le *Peuple Français* reproche justement aux instituteurs de poursuivre les évêques devant le tribunal civil qui est incompétent :

« Les instituteurs sont des fonctionnaires publics ; ils ont été visés par la lettre épiscopale « dans l'exercice ou à l'occasion de l'exercice de leurs fonctions » ; les critiques dont ils se plaignent ont été, comme ils le reconnaissent eux-mêmes dans leur assignation, répandues par la voie de la presse : ils ne peuvent donc poursuivre leurs prétendus diffamateurs que devant la Cour d'assises. »

Chacun se rend compte que le coup des Amicales fait long feu, et les Aliborons en seront pour leur courte honte ! _

Un jugement récent du tribunal civil acquittait d'ailleurs, par assimilation, les évêques. Voici les faits : Le sénateur Bérenger avait signalé aux directeurs des Compagnies une publication fort scandaleuse saisie en vertu des ordres du Parquet et qui, du reste, a été condamnée pour outrages aux mœurs. Il se proposait d'obtenir que cette publication cessât d'être mise en vente dans les bibliothèques des gares. Les éditeurs ont eu l'idée d'assigner le dévoué président de la Ligue de protestation contre la licence des rues, à raison du préjudice qu'il leur avait causé. Ils réclamaient 100.000 francs de dommages-intérêts et une indemnité de 5.000 fr. par an, et pour chaque réseau, jusqu'au rétablissement de leur journal dans les bibliothèques.

La *Gazette des Tribunaux* nous apprend que, par jugement du 16 février 1910, la première Chambre du Tribunal de la Seine a rejeté cette audacieuse prétention. Le tribunal déclare formellement que M. Béranger a « usé d'un droit », qu'il n'y a donc aucune faute de sa part.

Le cas des évêques est identique et la même solution s'imposait par *à fortiori*... mais la magistrature « asservie » a *vendu* à Reims, un tout autre arrêt contre Mgr Luçon. C'est dans l'ordre !

Il est vrai que, d'autre part, elle a acquitté Mgr Turinaz pour le même délit ; quel gâchis !

*
* *

Après les évêques, ce sont les pères de famille, c'est l'enseignement libre tout entier, qui est l'objet de menaces formelles.

Au banquet de la ligue de l'Enseignement, Briand a déclaré : « Demain nous vous offrirons tous les moyens de vous défendre contre les entreprises que j'ai dénoncées *(les Associations de pères de famille)*. » C'est la vérification, une fois de plus, du mot d'Eugène Pelletan : « Toutes les fois que l'injustice a voulu prendre un nom pudique, elle a pris le nom de loi pour frapper sa victime. »

La Ligue de l'enseignement et *les Annales de la Jeunesse laïque* rivalisent de zèle et de cynisme.

Oui, de cynisme ! Ecoutez : étant donnés les excès commis par des maîtres des écoles laïques officielles, fort nombreux et certains... c'est à l'école libre que s'en prennent et Briand, et Doumergue, et les Amicales, et la *Ligue*... et les *Annales*. Celles-ci déclarent (n° de février 1910) : « *A l'égard des enfants livrés à cet enseignement de mensonge et de sottise, nous avons des devoirs. Des lois ont déjà protégé l'enfant et son corps contre le travail de nuit. Elles lui ont déjà assuré l'école obligatoire. Doivent-elles l'abandonner à une école libre où des maîtres, sans contrôle, sans titres suffisants, peuvent se livrer impunément à une œuvre de déformation intellectuelle systématique ?* »

On n'est pas plus grotesque et sectaire tout à la fois !

Briand et Doumergue ont forgé deux lois (en projet). L'une, *en faveur* de l'école laïque officielle, naturellement ; l'autre *contre* l'école libre, encore plus naturellement. Il s'agit, pour les écoles laïques officielles, d'enlever aux parents la possibilité de poursuivre l'aliboron coupable.

Cela est si odieux que Thalamas lui-même — oui, Thalamas ! — écrit :

« Je ne connais pas, pour les instituteurs, de plus grave insulte que les nouveaux projets Doumergue.

« Quand le ministre, en effet, substitue l'Etat aux instituteurs, dans l'action des dommages-intérêts que les pères de famille pourraient intenter contre ces derniers, que fait-il, sinon étendre à ses subordonnés l'application de l'art. 1385 du code civil ?

« Cet article 1385 dit que « *le propriétaire d'un animal, ou celui qui s'en sert pendant qu'il est à son usage, est responsable du dommage que l'animal a causé, soit que l'animal fût sous sa garde, soit qu'il fût égaré ou échappé* »...

« Supposons, par exemple, que l'âne dont je suis propriétaire s'en aille brouter des chardons dans le champ du
voisin et lui cause quelque préjudice ; quand mon voisin
voudra se faire rembourser des dégâts causés, ce n'est évi-
demment pas mon âne qu'il citera devant le juge de paix,
parce que, bête, il est irresponsable.

« Eh bien ! les instituteurs, d'après le projet Doumergue,
ne seront pas mieux traités que les Aliborons à quatre
pattes...»

Bravo, Thalamas ! ! Bravissimo !!!

Quant au projet de loi *contre* les écoles libres, il
vient de paraître. A son sujet, dit l'*Action française*,
« le *Temps* avoue des *impressions désagréables* qu'il
n'analyse pas. Mais M. Henry Maret, dans *la République française*, se charge de l'explication. Il résume en
trois lignes l'histoire de la liberté de l'enseignement.
« *On lui décoche sept articles, qui lui enlèvent bras,
jambes et tête, et on lui dit : — Maintenant, tu peux
marcher.* » La *Gazette de France* précise mieux encore :

Dans aucun pays et dans aucun temps on n'a mieux
compris la liberté qu'en France sous la Troisième République. La liberté, c'est la devise, c'est la passion, c'est la nécessité du régime. Qui pourrait en douter après avoir enten-
du ces cinq mots qui commencent les cinq alinéas de l'article 2 du projet ?

« Nul ne peut enseigner dans une école privée, si...

« Nul ne peut diriger une école primaire élémentaire
privée, si...

« Nul ne peut diriger une école primaire supérieure
privée, si...

« Nul ne peut diriger un cours complémentaire privé, si...

« Nul ne peut diriger un établissement d'enseignement

primaire privé, destiné à des élèves de plus de treize ans, si... »

C'est ainsi qu'en France parle la liberté. Ce projet, on le voit, est digne du libertaire Briand et du protestant Doumergue.

« Le protestant Doumergue et le libertaire Briand ont déjà répondu qu'il n'y a pas de liberté contré la Liberté et que c'est l'article premier de tout libéralisme et de tout protestantisme sérieux. » (Criton.)

Mais ces lois, si draconniennes soient-elles, ne sont pas encore suffisantes, et M. Aulard adjure le gouvernement de déployer contre les victimes de ses diffamations les mêmes rigueurs qu'exercèrent les proconsuls romains contre les chrétiens du temps de Trajan. « *Je me suis laissé dire*, écrit M. Aulard, *que Pline le Jeune lui-même, en pareille occurrence, perdit patience et sévit contre les chrétiens en les envoyant au supplice !* »

Parfait ! Un homme averti en vaut deux !

On saura mourir, mais le plus tard possible, et dans une lutte désespérée !

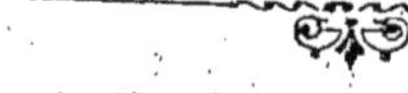

XI. — *Ce que nous voulons,*
Ce que nous ferons

Nous voulons que la neutralité soit rigoureusement observée dans les écoles laïques, dans la mesure du possible.

Nous voulons que *le maître d'école* ne soit pas *le maître à l'école.* Les maîtres des enfants, ce sont leurs parents. Et Jules Ferry, dans une circulaire du 17 novembre 1883, a déclaré formellement que « l'institu- teur *n'a pas le droit de se substituer au père de famille ni au curé* (programme officiel de l'enseignement pri- maire, *Journal officiel* du 2 août 1882).

Et cela est conforme d'ailleurs, à ce texte de la Convention :

« *Les instituteurs ou institutrices sont sous la sur- veillance immédiate de la municipalité, des pères, mè- res, tuteurs ou curateurs et sous la surveillance de tous les citoyens.* »

D'une façon plus générale, nou souscrivons, nous catholiques français, à ces huit propositions qu'a fait acclamer Mgr Ricard :

1° Nous voulons toutes les libertés attachées au titre de Français.

2° Nous sommes des catholiques, oui ; des parias, ja- mais.

3° La plus sacrée des libertés est celle de la conscience.

4° Les enfants seront élevés selon les promesses de leur baptême.

5° Respect aux maîtres bons ; mépris aux autres et aux livres condamnés.

6° Le césarisme politique est odieux, plus encore le cé- sarisme scolaire.

7° Nous jurons de ne pas obéir aux lois injustes.

8° Mieux vaut crier sous le couteau que se taire sous le chloroforme.

La neutralité est un mal et ne doit être acceptée que comme pis aller.

Ce que nous voulons, au fond, c'est la liberté de l'enseignement. Nous voulons, nous, catholiques français, dont les ancêtres, ont fait la France, nous voulons que l'Etat nous accorde au moins ce que les Etats monarchiques protestants de Hollande et d'Angleterre accordent à leurs citoyens catholiques, à savoir ;

1º Liberté d'ouvrir autant d'écoles qu'il nous plaît ;

2º Liberté d'y placer les maîtres de notre choix avec les livres de notre choix ;

3º Subventions de l'Etat proportionnées au nombre d'élèves de toutes les écoles, quelles qu'elles soient, officielles ou libres.

4º Enfin, la suppression définitive de tout enseignement officiel, car l'Etat est incapable d'enseigner, de former les âmes. *(Voir le livre de Biétry.)*

Sous ce titre « *les Curés instituteurs* », M. l'abbé Jules Claraz vient de publier une intéressante brochure dans laquelle il étudie ces questions : le Droit d'Enseignement et l'Ecole neutre.

M. l'abbé Claraz fait, en termes précis, justice des « prétendus droits de l'Etat-éducateur ».

« L'Etat, dit-il, n'a pas le droit d'enseigner en son propre nom en tant qu'Etat ». Pour établir cette haute vérité, il suffit à M. l'abbé Claraz d'examiner les trois conditions qui sont nécessaires pour avoir le droit d'enseigner : 1º avoir la mission d'enseigner ; 2º une doctrine à enseigner ; 3º le devoir d'enseigner.

La mission d'enseigner appartient au père de famille qui a « le devoir essentiel d'élever, de protéger, de former, d'instruire le fils auquel il a donné la vie ». L'Etat ne peut donc s'approprier par une loi l'instruction et l'éducation des enfants.

« D'après l'ordre établi par Dieu, M. l'abbé Claraz déclare que l'enfant a deux maîtres : son père, dans l'ordre naturel ; l'Eglise, dans l'ordre surnaturel ».

Quant à l'Etat, il ne tient de personne la mission d'enseigner. « Il ne la tient ni naturellement, ni surnaturellement, de Dieu ». D'autre part, si l'Eglise a une science à elle, une doctrine à elle, « l'Etat n'a pas et ne peut avoir de doctrine. Conséquemment, il ne doit pas avoir « son enseignement. L'enseignement ne le regarde pas ».

Quelle est donc la mission de l'Etat ? Elle se résume : 1° dans un droit de protection ; 2° dans un droit de perfectionnement ; 3° dans un droit de surveillance.

M. l'abbé Claraz fait ensuite bonne justice du sophisme de l'école neutre. « Qu'on organise, dit-il, les écoles publiques au point de vue de la situation, des besoins, de la religion, des désirs de la population à laquelle elles sont destinées : qu'elles soient catholiques pour les catholiques, protestantes pour les protestants, israélites pour les israélites ».

Ainsi le veut la véritable tolérance.

Donc, *plus d'école officielle !*

Voilà à quoi nous devons tendre sans trève ni merci !

Séparation des Ecoles et de l'Etat !

Hélas ! nous savons que le Bloc veut, tout au contraire, arriver au *monopole de fait*, grâce aux deux lois cyniques dont nous avons parlé plus haut, œuvre du sectaire Doumergue.

Eh bien, en prévision de cette continuation de la tyrannie, pères et mères de famille, nous prenons l'engagement d'élever nos enfants, de telle sorte qu'ils soient à même de tenir tête à l'Aliboron des deux sexes quand il se permettra d'insulter Dieu, l'Eglise, la vieille France, le Drapeau.

Ainsi que le déclarait naguère le sénateur Jénouvrier, « quand le maître dira : « Il n'y a pas de Dieu ! » il faut, il arrivera qu'une voix d'enfant réponde : « Ce n'est pas vrai, Dieu existe et il faut l'adorer ! » Quand le maître dira : « Il n'y a pas de patrie ! » L'élève répondra : « Ce n'est pas vrai, notre Patrie c'est la France ! et nos âmes s'accoutument à être prêtes pour elle aux derniers sacrifices. » Quand le maître dira : « Le Drapeau ? Il faut le jeter au fumier ! » l'élève répondra : « Ce n'est pas vrai, il faut le tenir haut et ferme, et il ne doit tomber qu'avec celui qui le porte ! »

« Voilà ce qui doit se faire et voilà ce qui se fera certainement sur tous les points du territoire, malgré vos lois, si vous osez les voter. Ce sera la guerre sans merci, car ce sera le devoir, chacun de nous devant répéter le mot de Mirabeau : « Je jure, si vous faites cette loi, de n'y obéir jamais ! »

« Sans doute vous aurez pour vous la Force : magistrats, gendarmes et prisons. Mais qu'importe tout cela ? Vous savez que « tout cela » est impuissant à rendre juste ce qui est injuste, et que le Droit ne dépend ni des décrets, ni des sentences des magistrats, ni des abus de la Force : il est au-dessus d'eux et souvent contre eux. »

**

D'ailleurs, des exemples superbes nous ont été donnés en ces derniers temps par des mères de famille et par de petits enfants.

Ecoutez :

« Une institutrice s'ingéniait à dicter d'une façon diabolique à ses élèves un passage d'un manuel condamné par les évêques — manuel d'un Bayet quelconque...

« Quand elle eut fini, une fillette se leva et courut à l'institutrice pour lui remettre la première sa copie. Mais la maîtresse laïque bondit, indignée, à la lecture...

« La vaillante petite chrétienne, au lieu de la page du manuel, avait écrit tout au long l'immortel *Credo*...

« Ah ! c'était une petite Jeanne d'Arc, celle-là ! et des Jeanne surgiront... il faudra qu'il en surgisse sur notre sol si la France ne veut pas mourir.

« Et pour ne pas mourir, il faudra qu'elle affirme simplement, publiquement et socialement son *Credo*.»

(Octave Chambon.)

A Urville-Hague (Manche), l'institutrice prétendit défendre à ses élèves d'apprendre leur catéchisme pendant l'heure de récréation. Les enfants, « d'un commun accord, sortirent de la cour de l'école et allèrent sur la route : les garçons se juchèrent sur le mur qui fait face à l'école et les filles restèrent sur le côté opposé de la route ; puis tous ensemble et à *très haute voix*, lurent leur leçon de catéchisme.

Cette mutinerie irrita l'institutrice, qui, pour punition, leur ordonna d'écrire cent fois la phrase : « J'obéirai à ma maîtresse. »

« Les enfants se mirent docilement à l'ouvrage, tout en échangeant entre eux de petits coups d'œil malicieux... et quand l'institutrice passa les cahiers, elle lut sur chacun d'eux avec stupéfaction et colère : « J'obéirai à Dieu mon Maître. »

« L'instituteur Courtois, de la Marne (Loire-Inférieure), oblige les enfants de sa classe, tous fils de catholiques convaincus (il n'y a dans cette paroisse que de bons chrétiens et une seule école), à effacer de leur main le mot Dieu, chaque fois qu'au cours de la leçon, ils le rencontrent dans le livre : *Le Tour de la France.*

« Une mère indignée, nommée Mme Dubreuil, a été trouver l'instituteur qui se retranchait derrière les ordres de l'inspecteur.

« Elle lui a dit :

« Si vous avez reçu de tels ordres, exécutez-les vous-même de votre main. Je vous défends de le faire faire à mon fils, et je vais lui interdire de vous obéir. Je ne veux pas qu'il raye le nom de Dieu, auquel je lui fais adresser ses prières dont nous avons besoin chaque jour et qui nous jugera comme il vous jugera vous-même. »

C'était bien parler. Mais il y avait encore mieux à faire : retirer les enfants des mains de pareils tuteurs d'âmes ; et à le faire efficacement serviront les associations de pères de famille, tant redoutées de nos ennemis.

Dans une école laïque du Tarn, en pleine classe, un adjoint demandait à un enfant : « Dis-donc, toi, est-ce que Jésus-Christ était un homme ou une bête ? »

L'enfant, indigné, menace le maître de son sabot, et lui dit en face : « La bête, c'est vous ! »

Le maître punit l'élève qui rentra tard à la maison. Le lendemain, la mère, sûre du fait, rencontre le maître lisant son journal. Avec plusieurs voisines, elle va droit à lui : « C'est vous, dit-elle, qui avez fait cette question à mon enfant ? » Le maître rougit et dit : « Qu'est-ce que ça vous fait ?

— Qu'est-ce que ça me fait ? Vous n'êtes qu'un polisson. Quand mon enfant se conduit comme un polisson, voilà ce que je lui fais ! » Et joignant le geste à la parole, elle applique devant témoins un magistral soufflet au maître.

Notre impie ne fut pas fier et bientôt il dut demander son changement (1).

Le Comité de défense religieuse a été très bien inspiré en faisant frapper une médaille qui a été remise et sera remise à tous les enfants qui ont été ou qui seront exclus de l'école laïque pour avoir refusé de se servir des Manuels pervers.

_____

(1) Nous avons pris ces faits, pour la plupart, dans l'excellente *Réponse* de M. l'abbé Duplessy, 168, Boulevard Malesherbes, Paris.

Et j'imagine qu'à leurs yeux, aux yeux de la terre et du ciel, cette modeste décoration aura infiniment plus de prix que la croix de la Légion d'honneur sur certaines poitrines indignes !

****

L'exemple donné par ces enfants et par leurs parents est renforcé encore par l'exemple du Christ et de nos évêques !

Quand le Christ vit le Temple de son Père souillé par les vendeurs, il les chassa dehors à coups de corde noueuse !

Le Temple sacré où s'élabore une partie de la France de demain, — l'école — est souillé par certains manuels et certains enseignements. Les pères et mères de famille ont le droit de faire cesser ce scandale.

Ecoutez, pour finir, la voix autorisée de nos évêques :

Mgr Turinaz : « Il faut maintenant que l'action suive l'union et que, guidée par la foi, elle devienne la résistance. Si, en 1882, les 87 évêques de France, suivant l'exemple de Mgr de Cabrières, s'étaient avancés, mitre en tête et crosse en main, devant les pouvoirs publics, et leur avaient crié avec énergie : « Vous ne passerez pas ! » l'arbitraire et le despotisme se seraient brisés. »

Mgr Henry : « Nous l'acceptons la guerre.

« Ils espèrent nous forcer à des reculades par les menaces des lois qu'on prépare. Je suis votre chef, je sais que ce titre m'oblige à vous donner le premier l'exemple. Je vous assure que je ne reculerai pas ».

Cardinal Andrieu : « *Nous avons donc, non seulement le droit, mais le devoir de désobéir à ces lois !* »

Mgr Sevin : « Si ces lois liberticides étaient votées, je serais le premier à conseiller de n'y pas obéir et peu m'importerait d'aller en prison, car, le jour où vous me verriez les menottes aux mains, je suis persuadé que vous m'aimeriez davantage. »

Mgr Boutry, évêque du Puy, au Congrès eucharistique diocésain de Saint-Genest-Malifaux, a fait naguère des déclarations d'une sainte énergie qui furent couvertes d'applaudissements enthousiastes, car elles répondaient à l'attente des congressistes.

« M. Prénat s'étant écrié pendant un discours que pour défendre l'âme et la foi de leurs enfants que menacent de plus en plus les lois impies sur l'enseignement athée et antipatriotique, les catholiques sauraient au besoin prendre leur fusil. Sa Grandeur **Mgr Boutry**, en le remerciant, déclara qu'il fallait pour cette lutte sainte, déployer l'énergie la plus virile, que l'épiscopat de France serait au premier rang de la bataille et que « *si les armes à feu ne sont point des armes d'évêques, il se pourrait fort bien qu'à côté de ceux-ci il y eût des hommes qui en fussent armés* », prêts à défendre avec leurs enfants l'âme de la France. »

Les Blocards qui reprocheraient aux Catholiques leur décision énergique montreraient tout simplement qu'ils ignorent ou ont oublié la *Déclaration des Droits de l'homme*, dont voici 4 articles éloquents et de circonstance :

Art. 31. — *Les délits des mandataires du peuple et de ses agents ne doivent jamais être impunis. Nul n'a le droit de se prétendre plus inviolable que les autres citoyens.*

Art. 33. — *La résistance à l'oppression est la conséquence des autres droits de l'homme.*

Art. 34. — *Il y a oppression contre le corps social lorsqu'un seul de ses membres est opprimé. Il y a oppression contre chaque membre lorsque le corps social est opprimé.*

Art. 35. — *Quand le gouvernement viole les droits du
peuple,* l'insurrection est pour le peuple, et pour chaque
portion du peuple, le plus sacré des droits et le plus
indispensable des devoirs.

***

Si la lutte arrive un jour à une acuité telle que
nous soyons placés, en fait, entre notre conscience et
l'immolation de nos enfants, de notre liberté, de notre
patriotisme et de notre foi, eh bien, nous nous sou-
viendrons des exemples héroïques de nos Martyrs, de
nos Missionnaires..., nous imiterons dans son beau
courage le « Vieux Vendéen ».

Fait prisonnier par les Bleus, il s'acheminait,
ligotté et soigneusement escorté, vers la prison, vers
la mort.

Au milieu d'une vaste campagne, on arriva à un
carrefour de chemins où s'élevait un Calvaire. Les
bourreaux offrirent la liberté et le retour dans sa
chaumière auprès des siens en pleurs, au « Vieux
Vendéen » s'il acceptait d'abattre la croix à coups de
hache.

Sans hésiter, le « Vieux Vendéen », délivré de
ses liens, saisit la hache et d'un bond escalada les
marches du Calvaire.

Et là, adossé à la Croix de son Dieu, il attendit
les Bleus, bien résolu à abattre tous ceux qui essaie-
raient de porter une main sacrilège sur la Croix.

Il fallut l'abattre à coups de fusil pour pouvoir atteindre le calvaire...

Eh bien, nous jurons, Pères et Mères de famille, adossés, nous aussi, à notre Croix, à notre Drapeau, à nos Autels, à nos Tombes, à l'Âme de nos enfants, nous jurons, s'il le faut, de mourir plutôt que de livrer à Satan les âmes de nos garçons et de nos filles...

Et ainsi, comme le Vieux Vendéen jadis, comme le général de Geslin naguère, nous mourrons en Français, en Chrétiens, debout !

RÉSUMÉ

Dans toute paroisse fonder une association de pères et mères de familles, qui devra :

1o Surveiller l'enseignement oral du maître ;

2o Examiner les livres mis entre les mains des enfants ;

3o Si cet enseignement ou ces livres sont mauvais, faire une démarche polie, mais énergique, auprès du maître coupable, pour qu'il s'amende ou retire les manuels condamnés ;

4o S'il s'obstine à mal faire, retirer les enfants de l'école ;

5o *Par tous les moyens*, travailler à la Séparation des Écoles et de l'État.

Quand 50.000 pères de famille, appuyés à leurs évêques qualifiés et compétents, auront agi de la sorte, *le gouvernement sera obligé de céder.*

TABLE DES MATIÈRES

PRIX DE CETTE BROCHURE :

L'unité . . . . 0 fr. 50
Les **25** . . . . 7 fr. 50
Les **50** . . . . 12 fr. 50
Les **100** . . . . . . 20 fr. 00

NOTA. — LES MÊMES REMISES SERONT ACCORDÉES AUX COMMANDES COMPRENANT, A LA FOIS, DES EXEMPLAIRES DE BATAILLE ET DE SABOTAGE.

(Voir page 78 la table analytique.)

Rousseau, Jules Ferry, Gambetta) ; la Révolution ;
la Déclaration des droits de l'homme ; la prise de
la Bastille ; la bataille de Valmy ; les émigrés ;
l'Ancien Régime et l'instruction ; le Socialisme ;
l'éloge de l'Assiette au beurre ; la justice aujour-
d'hui ; la prospérité ; l'armée ; la marine ; les
scandales à jet continu, etc., etc.

Prix : 0 fr. 50 — Fortes remises par quantités.

S'adresser à J. SANTO, 131, rue de Vaugirard, Paris

COUPS DE CLAIRON ET COUPS DE FEU, par J. Santo, 131, rue de Vaugirard, Paris. 1 franc.

« Il est peu de nos lecteurs parisiens qui n'aient eu l'occasion d'apprécier, dans quelqu'une de ses conférences où il se dépense sans compter, les belles qualités d'entrain et de pittoresque, en même temps que le sens droit et sûr, le patriotisme réfléchi et la foi éclairée de M. J. Santo. Ce sont ces mêmes dons que l'on trouve à louer dans le très curieux, amusant et utile recueil de nouvelles, de récits, de contes et d'études qu'il vient de publier sous le titre expressif de **Coups de clairon et Coups de feu.** M. Santo sera lu avec plaisir par les ouvriers et les paysans, car il sait leur présenter avec agrément, sans le moindre pédantisme et sur un ton qui n'a rien de dogmatique, la démonstration des vérités traditionnelles. Aussi son livre est-il tout désigné pour remplacer, dans les bibliothèques populaires et aux mains des ouvriers, les recueils dus à l'inspiration juive et maçonnique qu'on y rencontre encore trop exclusivement. »

(L'Action française, la Bastille, etc.)

DES ARMES ET DES MUNITIONS, par J. Santo, 1 franc.

« Merci de m'avoir adressé votre vaillant ouvrage : **Des Armes et des Munitions.** Il était digne d'avoir une préface du capitaine Magniez.

« Vous indiquez dans « Les Deux Manières » l'attitude à prendre en face de l'ennemi et vous avez le droit de le faire quand vous donnez à ceux qui veulent lutter des armes aussi solides que celles que j'ai trouvées dans les chapitres : « Attrape, mon vieux Bréal ! », « Collé, cloué, enfoncé ! », « Pif, paf, pouf ! », ou aussi aiguisées que celles des « Deux Logis du Socio » et de la « Comédie socialiste ».

« Vous avez rendu un grand service à tous ceux qui ne craignent pas de se montrer et de combattre, mais qui, hélas ! sont trop souvent sans riposte et sans attaque en face d'adversaires aussi bluffeurs que faciles à désarçonner. Et, quand on a consacré ses rares loisirs à une œuvre comme la vôtre, on mérite doublement la reconnaissance et l'estime des frères d'armes aussi bien que la bénédiction divine.

« Je suis heureux, pour ma part, que vous m'ayez donné l'occasion de vous lire, de vous connaître et de vous dire toute mon affectueuse sympathie. »

(Colonel Keller.)

DERNIÈRES CARTOUCHES, par J. Santo, in-12, avec portrait de l'auteur.

« Cher Monsieur. Je craignais presque d'être détourné d'occupations plus urgentes avec vos **Dernières cartouches**. Mais, ayant ouvert votre livre, je le suivis avec trop d'intérêt pour pouvoir m'en détacher, et je me disais de page en page que c'étaient bien là des cartouches, à la disposition de tous, des munitions de premier ordre. Elles exhalent une odeur de poudre qui appelle à la bataille et qui rendrait guerriers les plus pacifiques. Je souhaite qu'elles soient largement connues et utilisées à la ville et aux champs. Merci encore, cher Monsieur, et bien cordialement à vous. »

(Colonel Keller.)

L'Ecole athée, 0 fr. 15 ; 10 fr. le 100.

Imp. d'Editions. — Maison LUTTWILLER, Murat (Cantal).

www.ingramcontent.com/pod-product-compliance
Ingram Content Group UK Ltd.
Pitfield, Milton Keynes, MK11 3LW, UK
UKHW021433090726
13657UKWH00003B/1068